21 femmes inspirantes

la vie de femmes courageuses et influentes du XXe siècle : Kamala Harris, Mère Teresa et bien d'autres (livre de biogaphies pour les jeunes, les adolescents et les adultes)

Par Student Press Books

Table des matières

Introduction

Rencontrez les femmes influentes du XXe siècle — biographies pour les 12 ans et plus.

Bienvenue dans la série Émancipation des femmes. Ce livre vous présente femmes courageuses et influentes du XXe siècle. Avec 21 Femmes Inspirantes, ce livre rassemble les biographies inspirantes des pionnières du monde entier.

Ces femmes perpétuent l'héritage de personnes courageuses et influentes qui ont affirmé librement leur identité, leurs idées, leur acharnement, leur intelligence et leur courage !

21 personnalités audacieuses se côtoient dans ces pages, et se laissent découvrir pour vous : Benazir Bhutto, Betty Friedan, Grace Hopper, Maya Angelou, Kamala Harris, Serena Williams, Sally Ride, Audrey Hepburn, Wangari Maathai, Wilma Rudolph, Gloria Steinem, Toni Morrison, Sandra Day O'connor, Althea Gibson, Yingluck Shinawatra, Gertrude B. Elion, Fannie Lou Hamer, Babe Didrikson Zaharias, Mère Teresa, Angela Merkel et Tsai Ing-wen. Ce sont 21 femmes courageuses qui ont surmonté tous les obstacles !

Ce livre de la série Émancipation des femmes recouvre :

- Des biographies fascinantes — Découvrez des personnalités féminines célèbres, influentes et inspirantes.
- Des portraits vivants — Redonnez vie à ces femmes grâce à des photos ou des illustrations attrayantes.

À propos de la série : La **série Émancipation des femmes** de Student Press Books présente des perspectives nouvelles sur l'**autonomisation des femmes** qui inviteront les jeunes lecteurs à réfléchir à leur place dans une société de plus en plus diversifiée. Qui sera votre prochaine source d'inspiration ?

21 Femmes Inspirantes va plus loin que les autres livres de biographies sur l'émancipation des femmes en mettant en lumière des sujets et des personnes du monde entier et de toutes les époques. Il fait également un excellent cadeau pour une fille, une sœur, une nièce ou une petite-fille.

Votre cadeau

Vous avez un livre dans les mains.

Ce n'est pas n'importe quel livre, c'est un livre de Student Press Books ! Nous écrivons sur les héros noirs, les femmes qui prennent le pouvoir, la mythologie, la philosophie, l'histoire et d'autres sujets intéressants !

Puisque vous avez acheté un livre, nous voulons que vous en ayez un autre gratuitement.

Tout ce dont vous avez besoin, c'est d'une adresse électronique et de la possibilité de vous abonner à notre newsletter (ce qui signifie que vous pouvez vous désabonner à tout moment).

Alors, qu'attendez-vous ? Inscrivez-vous dès aujourd'hui et recevez votre livre gratuit instantanément ! Tout ce que vous avez à faire est de visiter le lien ci-dessous et d'entrer votre adresse e-mail. Vous recevrez immédiatement le lien pour télécharger la version PDF du livre afin de pouvoir le lire hors ligne à tout moment.

Et ne vous inquiétez pas, il n'y a pas d'attrape ou de frais cachés, juste un bon vieux cadeau de notre part ici à Student Press Books.

Visitez ce lien dès maintenant et inscrivez-vous pour recevoir votre exemplaire gratuit de l'un de nos livres !

Lien : https://campsite.bio/studentpressbooks

Benazir Bhutto (1953-2007)

Ancien Premier ministre du Pakistan

"Vous pouvez emprisonner un homme, mais pas une idée. Vous pouvez exiler un homme, mais pas une idée. Vous pouvez tuer un homme, mais pas une idée."

Benazir Bhutto a été la première femme à accéder à la direction politique d'un pays musulman à l'époque moderne. En 1988, elle a été nommée Premier ministre du Pakistan pour succéder au général Mohammad Zia ul-Haq, l'homme qui avait pris le pouvoir à son père et ordonné son exécution. Benazir Bhutto a effectué deux mandats de premier ministre, de 1988 à 1990 et de 1993 à 1996.

Benazir Bhutto est née le 21 juin 1953 à Karachi. Elle a étudié à l'étranger, obtenant des diplômes de l'université Harvard, aux États-Unis, en 1973 et de l'université d'Oxford, en Angleterre, en 1977. Son père, Zulfikar Ali Bhutto, dirigeait le Pakistan depuis 1971, d'abord en tant que président, puis en tant que premier ministre, et elle l'accompagnait souvent dans ses déplacements officiels. En juillet 1977, son gouvernement est renversé par une révolte menée par Zia. Son père est emprisonné puis pendu en 1979. Elle devient alors le chef titulaire du parti politique de son père, le Pakistan People's party (PPP).

Pendant les cinq années suivantes, Benazir Bhutto a été maintenue soit en prison, soit en résidence surveillée. Zia l'a envoyée en exil à Londres en 1984. Après la levée de la loi martiale par Zia, elle est rentrée chez elle en 1986, accueillie triomphalement, et est devenue la principale figure de l'opposition à son régime.

Après la mort de Zia dans des circonstances mystérieuses dans un accident d'avion en août 1988, des élections libres ont été organisées. Bhutto mène le PPP à la victoire et devient Premier ministre d'un gouvernement de coalition en décembre 1988. Elle n'a cependant pas pu faire grand-chose pour lutter contre la pauvreté généralisée et la criminalité croissante au Pakistan. En août 1990, le président du pays, Ghulam Ishaq Khan, a destitué son gouvernement en l'accusant de corruption.

Son parti est battu aux élections suivantes, et Benazir Bhutto devient le chef de l'opposition au parlement pakistanais. Lors des élections d'octobre 1993, son parti a remporté la majorité des voix, et Benazir Bhutto est redevenue Premier ministre d'un gouvernement de coalition. Cependant, suite à de nouvelles allégations de corruption et de mauvaise gestion économique, le gouvernement de Bhutto a été démis de ses fonctions en 1996 par le président Farooq Leghari.

Bhutto s'est exilée en 1999 alors qu'elle était toujours accusée de corruption. Entre-temps, le général Pervez Musharraf a pris le pouvoir et est devenu président. En 2007, il a finalement accordé à Mme Bhutto une amnistie pour les accusations de corruption, et elle est rentrée au Pakistan en octobre de la même année.

Benazir Bhutto a été assassinée à Rawalpindi le 27 décembre 2007, alors qu'elle faisait campagne pour les prochaines élections nationales. Son mari, Asif Ali Zardari, a pris la tête du PPP.

L'autobiographie de Bhutto, *Daughter of the East*, a été publiée en 1988. (Elle a également été publiée sous le titre *Daughter of Destiny* en 1989.) Son livre *Reconciliation : Islam, Democracy, and the West* a été publié après sa mort, en 2008.

Points forts

- Benazir Bhutto est une femme politique pakistanaise qui est devenue la première femme à diriger une nation musulmane dans l'histoire moderne. Elle a été Premier ministre du Pakistan pendant deux mandats, de 1988 à 1990 et de 1993 à 1996.
- Après l'exécution de son père en 1979 sous le régime du dictateur militaire Mohammad Zia-ul-Haq, Bhutto est devenue la chef titulaire du parti de son père, le Parti du peuple pakistanais (PPP), et a été fréquemment assignée à résidence de 1979 à 1984.
- Légalement séparé et libéré des restrictions imposées au PPP par la direction de Bhutto, le PPPP a participé aux élections de 2002, dans lesquelles il a obtenu un fort score. Toutefois, les conditions posées par Bhutto pour coopérer avec le gouvernement militaire - que toutes les accusations portées contre elle et contre son mari soient retirées - ont continué d'être refusées.

Questions de recherche

---

1. Quels sont vos super-héros féminins préférés et pourquoi ?
2. Comment les choses changeraient-elles si le féminisme n'était pas encore inventé aujourd'hui ?
3. Quelle est votre icône féministe préférée ?

Betty Friedan (1921-2006)

Écrivain et militante féministe américaine

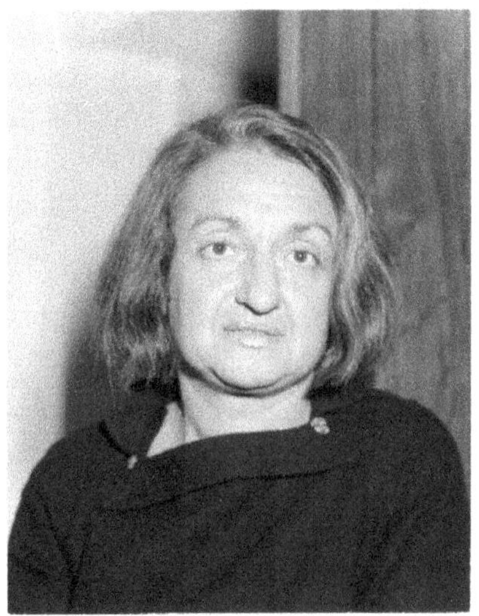

"Il est plus facile de vivre à travers quelqu'un d'autre que de devenir soi-même complet."

Betty Friedan, auteur et féministe américaine, est surtout connue pour son livre The Feminine Mystique (1963), qui remet en question les rôles traditionnels des femmes. En 1966, elle a cofondé la National Organization for Women (NOW), un groupe de défense des droits civiques qui se consacre à l'égalité des chances pour les femmes.

Bettye Naomi Goldstein est née le 4 février 1921 à Peoria, dans l'Illinois. En 1942, elle a obtenu un diplôme de psychologie au Smith College. Elle passe un an à l'Université de Californie à Berkeley pour faire des études supérieures, puis s'installe à New York. Après avoir exercé divers emplois jusqu'en 1947, elle épouse Carl Friedan (divorcé en 1969). Pendant les dix années suivantes, elle vit en tant que femme au foyer et mère de famille dans la banlieue de New York, tout en travaillant en free-lance pour un certain nombre de magazines.

En 1957, Betty Friedan fait circuler un sondage parmi ses camarades de classe de Smith et découvre que beaucoup d'entre eux sont, comme elle, insatisfaits de leur vie. Pour approfondir ses recherches, elle entreprend une étude approfondie sur le sujet, comprenant des questionnaires plus détaillés, des entretiens et des discussions avec des psychologues et d'autres experts du comportement. Elle a fini par publier ses conclusions dans son livre phare de 1963, *The Feminine Mystique*.

The Feminine Mystique a été un best-seller immédiat et controversé et a été traduit dans un certain nombre de langues étrangères. Son titre provient d'un terme utilisé par Friedan pour décrire le sentiment de dévalorisation personnelle qui résulte de l'acceptation par une femme d'un rôle désigné qui l'oblige à dépendre intellectuellement, économiquement et émotionnellement de son mari.

La thèse principale de Betty Friedan était que les femmes étaient soumises à un système généralisé d'illusions et de fausses valeurs dans lequel elles étaient encouragées à trouver leur épanouissement, voire leur identité, par l'intermédiaire des maris et des enfants auxquels elles étaient censées consacrer allègrement leur vie. Ce rôle restreint d'épouse et de mère conduisait presque inévitablement à un sentiment d'irréalité ou à un manque de bien-être spirituel général en l'absence d'un travail authentique, créatif, qui permette de se définir.

En tant que présidente de NOW de 1966 à 1970, Friedan a mené des campagnes en faveur d'une plus grande représentation des femmes au sein du gouvernement, de la création de crèches pour les mères qui travaillent, de la légalisation de l'avortement et d'autres réformes. À une époque, NOW était l'une des organisations les plus importantes et probablement la plus efficace du mouvement des femmes.

Après avoir renoncé à la présidence, Betty Friedan a participé à l'organisation de la Grève des femmes pour l'égalité - qui s'est tenue le 26 août 1970, date du 50e anniversaire du suffrage féminin - et a été l'un des chefs de file de la campagne pour la ratification de l'amendement proposé à la Constitution américaine sur l'égalité des droits. Betty Friedan est l'un des membres fondateurs du National Women's Political Caucus (1971), et elle devient directrice de la First Women's Bank and Trust Company en 1973.

Betty Friedan a écrit quelques livres au cours de sa carrière, dont *It Changed My Life : Writings on the Women's Movement* (1976) ; *The Second Stage* (1981), une évaluation du statut du mouvement des femmes ; et *The Fountain of Age* (1993), une exploration de la psychologie de la vieillesse.

Betty Friedan a publié ses mémoires, *Life So Far*, en 2000. Elle est décédée le 4 février 2006, à Washington, D.C.

Points forts

- Bettye Goldstein a obtenu en 1942 un diplôme de psychologie au Smith College et, après une année d'études supérieures à l'université de Californie, à Berkeley, elle s'est installée à New York.
- The Feminine Mystique (1963), qui explore les causes des frustrations des femmes modernes dans des rôles traditionnels, a été un best-seller immédiat et controversé et a été traduit dans un certain nombre de langues étrangères.
- Membre fondateur du National Women's Political Caucus (1971), elle a déclaré qu'il était organisé "pour faire de la politique, pas du café".
- En 1976, Friedan a publié It Changed My Life : Writings on the Women's Movement et en 1981 The Second Stage, une évaluation de l'état du mouvement des femmes.
- The Fountain of Age (1993) traite de la psychologie de la vieillesse et préconise une révision de la vision de la société selon laquelle le vieillissement est synonyme de perte et d'épuisement.

Questions de recherche

---

1. Quel est le type de femme que vous consulteriez si vous aviez besoin de conseils avisés ?
2. Pensez-vous que l'oppression des femmes par notre société les a aidées ou empêchées de réaliser leur potentiel ?
3. Comment pensez-vous que la société pourrait changer et promouvoir plus efficacement l'égalité entre les deux sexes ?

Grace Hopper (1906-1992)

Mathématicien, informaticien et officier de marine

"Le leadership est une rue à double sens, la loyauté vers le haut et la loyauté vers le bas. Respect de ses supérieurs ; soin de son équipage."

Grace Hopper était une mathématicienne et informaticienne américaine, ainsi qu'un contre-amiral de la marine américaine. Hopper a contribué à la conception de l'UNIVAC I, le premier ordinateur électronique commercial. Elle a été une pionnière dans le développement de la technologie informatique, en particulier des compilateurs - des logiciels informatiques qui traduisent les instructions d'un programmeur en codes informatiques.

Grace Hopper a dirigé l'équipe qui a mis au point le premier compilateur utilisant principalement des commandes en anglais, plutôt que des commandes ressemblant à la notation mathématique. Cette avancée a rendu la programmation informatique plus accessible aux personnes qui n'étaient pas des mathématiciens. Le compilateur, appelé Flow-Matic, a été un précurseur important du langage informatique COBOL.

Grace Hopper est née Grace Brewster Murray le 9 décembre 1906 à New York, New York. Elle a obtenu une licence au Vassar College, à Poughkeepsie, New York, en 1928. Grace Hopper a fait des études supérieures à l'université de Yale, à New Haven, dans le Connecticut, où elle a obtenu une maîtrise en 1930 et un doctorat en 1934.

Hopper enseigne les mathématiques à Vassar avant de s'engager dans la réserve navale américaine en 1943. Elle devient lieutenant et est affectée au projet de calcul du Bureau of Ordnance à l'université de Harvard en 1944. À Harvard, Hopper travaille avec Howard Aiken sur le Mark I, la première calculatrice automatique à grande échelle et un précurseur des ordinateurs électroniques.

Grace Hopper est restée à Harvard en tant que chargée de recherche civile tout en poursuivant sa carrière dans la marine en tant que réserviste. Après qu'un papillon de nuit se soit introduit dans les circuits de Mark I, elle a inventé le terme "bug" pour désigner les défaillances inexpliquées des ordinateurs.

En 1949, Hopper rejoint la société Eckert-Mauchly Computer Corp. où elle conçoit un compilateur amélioré. Elle reste dans la société lorsque celle-ci est rachetée par Remington Rand et par Sperry Rand Corp. En 1957, la division de Hopper a développé Flow-Matic, le premier compilateur de traitement de données en langue anglaise. Hopper a ensuite conçu des applications navales en COBOL.

Grace Hopper a pris sa retraite de la marine avec le grade de commandant en 1966. L'année suivante, cependant, elle est rappelée en service actif pour aider à normaliser les langages informatiques de la marine. À l'âge de 79 ans, Grace Hopper était l'officier le plus âgé en service actif dans la marine américaine lorsqu'elle a pris sa retraite en 1986.

Grace Hopper a été élue membre de l'Institute of Electrical and Electronic Engineers en 1962. Hopper a été nommée le premier "homme de l'année" en informatique par la Data Processing Management Association en 1969. Hopper a reçu la médaille nationale de la technologie en 1991. Grace Hopper est décédée le 1er janvier 1992 à Arlington, en Virginie.

Points forts

- Elle devient lieutenant et est affectée au projet de calcul du Bureau of Ordnance à l'université de Harvard (1944), où elle travaille sur le Mark I, la première calculatrice automatique à grande échelle et un précurseur des ordinateurs électroniques.
- Elle a écrit le premier manuel d'ordinateur, A Manual of Operation for the Automatic Sequence Controlled Calculator (1946), qui décrit le fonctionnement du Mark I et constitue le premier traitement approfondi de la programmation d'un ordinateur.
- Le développement par Grace Hopper de compilateurs pour le COBOL et sa défense vigoureuse de ce langage ont conduit à son utilisation généralisée dans les années 1960.
- Hopper a pris sa retraite de la marine avec le grade de commandant en 1966, mais elle a été rappelée au service actif l'année suivante pour aider à normaliser les langages informatiques de la marine.

Questions de recherche

---

1. Si vous ne pouviez donner qu'un seul conseil à une femme qui veut avoir de l'influence et de l'autonomie, quel serait-il ?
2. À votre connaissance, quelles sont les femmes les plus influentes dans le domaine des sciences, de la technologie, de l'ingénierie et des mathématiques ?
3. Qu'y a-t-il d'important dans le fait d'être une femme leader dont on ne parle pas souvent ?

Margaret Thatcher (1925-2013)

La première femme à devenir Premier ministre du Royaume-Uni

Lorsque les gens sont libres de choisir, ils choisissent la liberté.

La première femme à être élue Premier ministre du Royaume-Uni fut Margaret Thatcher, qui fut également la première femme à occuper un tel poste dans l'histoire de l'Europe. Premier Premier ministre depuis les années 1820 à remporter trois élections consécutives, Margaret Thatcher a occupé son poste plus longtemps que tout autre dirigeant britannique du XXe siècle.

Margaret Hilda Roberts est née le 13 octobre 1925 à Grantham, Lincolnshire, Angleterre. Elle a fait des courses pour le parti conservateur lors des élections de 1935 et a maintenu cette association en tant que membre de l'association conservatrice de l'université d'Oxford. Diplômée en sciences d'Oxford, elle a travaillé comme chimiste de recherche.

Ses premières tentatives pour obtenir un siège au Parlement ont eu lieu en 1950 et 1951. Elle perd les deux élections. En 1951, elle épouse l'homme d'affaires Denis Thatcher. Pour se préparer à la politique, Thatcher commence à étudier le droit, en mettant l'accent sur la fiscalité et la politique des brevets. En 1959, elle se présente à nouveau au Parlement dans une circonscription conservatrice sûre du nord de Londres et gagne.

Margaret Thatcher a été secrétaire du ministère des Pensions et de l'Assurance de 1961 à 1964 et secrétaire d'État à l'Éducation et aux Sciences dans le cabinet d'Edward Heath de 1970 à 1974. Après la perte de deux élections générales par le parti conservateur en 1974, Thatcher suit Heath à la tête du parti. Lorsque le parti conservateur remporte les élections de 1979, elle devient Premier ministre.

Margaret Thatcher appartenait à l'aile la plus conservatrice de son parti, prônant la réduction des impôts, la fin des contrôles gouvernementaux et la réduction des dépenses publiques. Ses premières politiques ont provoqué un chômage généralisé et un certain nombre de faillites d'entreprises. Une victoire populaire dans le conflit des îles Malouines en 1982 lui permet toutefois de remporter une victoire écrasante aux élections de 1983. Sa stature de leader mondial s'accroît lorsqu'elle visite l'Union soviétique en mars 1987, moins de trois mois avant de remporter une autre victoire remarquable.

L'objectif déclaré de Margaret Thatcher était de "détruire le socialisme". Sa "révolution inachevée" visant à remodeler la vie politique, économique et sociale britannique - principalement par la privatisation - a été baptisée thatchérisme. En raison de son leadership fort, on l'a appelée la Dame de fer.

Margaret Thatcher a soutenu l'alliance de l'OTAN et les Communautés européennes, bien que son opposition à l'intégration "Europe 1992" ait nui à sa popularité et ait contribué à sa démission en novembre 1990.

Malgré son retrait officiel du pouvoir, Thatcher continue de jeter une ombre sur la politique mondiale. Elle a été particulièrement franche dans son opposition à la participation de la Grande-Bretagne à plusieurs institutions de l'Union européenne, et Thatcher a exposé sa position dans son livre Statecraft : Strategies for a Changing World (2002).

En 1991, Thatcher a créé la Margaret Thatcher Foundation, qui promeut la démocratie et les marchés libres, notamment dans les anciens pays communistes d'Europe centrale et orientale. En 1992, elle est nommée pair à vie à la Chambre des Lords et, en 1995, la reine Elizabeth II lui confère l'Ordre de la Jarretière, la plus haute distinction civile et militaire britannique. En mars 2002, après avoir subi une série d'attaques cérébrales mineures, elle a annoncé son retrait de la vie publique. Margaret Thatcher est décédée le 8 avril 2013 à Londres, en Angleterre.

Points forts

- Margaret Thatcher a mené les conservateurs à une victoire électorale décisive en 1979, après une série de grèves importantes au cours de l'hiver précédent (l'"hiver du mécontentement") sous le gouvernement travailliste de James Callaghan.
- Thatcher est entrée en fonction en promettant de réduire le pouvoir des syndicats, qui avaient montré leur capacité à paralyser le pays pendant six semaines de grève au cours de l'hiver 1978-1979.
- La seconde moitié du mandat de Thatcher est marquée par une controverse inextinguible sur les relations de la Grande-Bretagne avec la Communauté européenne (CE). En 1984, Margaret Thatcher réussit, au milieu d'une opposition féroce, à réduire de façon drastique la contribution de la Grande-Bretagne au budget de la CE.

Questions de recherche

1. Qui préféreriez-vous avoir comme patron ? Margaret Thatcher ou Donald Trump ?
2. Dans ses dernières années, qu'est-ce qui a inspiré Thatcher à faire une déclaration controversée ?
1. Que feriez-vous différemment si vous étiez à la tête du Royaume-Uni ?

Kamala Harris (née en 1964)

Vice-président des États-Unis

"J'espère qu'en étant une "première", j'inspire les jeunes à poursuivre leurs rêves."

La politicienne démocrate Kamala Harris est devenue vice-présidente des États-Unis en 2021. Harris est la première femme, la première personne noire et la première personne d'origine asiatique à occuper ce poste. Depuis 2017, Harris avait servi en tant que sénatrice américaine représentant l'État de Californie. Harris était le premier Indien-Américain à servir en tant que sénateur américain, ainsi que la deuxième femme noire à le faire.

Kamala Harris a fait campagne pour être la candidate démocrate à l'élection présidentielle de 2020. Après avoir abandonné la course, Joe Biden l'a choisie comme colistière à la vice-présidence.

Kamala Devi Harris est née le 20 octobre 1964 à Oakland, en Californie. Son père, un Jamaïcain, enseignait à l'université de Stanford. Sa mère, fille d'un diplomate indien, était chercheuse dans le domaine du cancer. Kamala Harris a étudié les sciences politiques et l'économie à l'université Howard, dont elle est sortie diplômée en 1986. Elle a obtenu un diplôme de droit à la faculté de droit Hastings de l'université de Californie à San Francisco en 1989.

Kamala Harris s'est forgée une réputation de dureté en tant que procureur adjoint du district d'Oakland (1990-1998), où elle a poursuivi des affaires de violence entre gangs, de trafic de drogue et d'abus sexuels. Elle a ensuite dirigé la division des enfants et des familles du procureur de la ville de San Francisco. En 2003, elle a été élue procureur de district de San Francisco. En 2010, elle a été élue de justesse procureur général de Californie, avec une marge de moins de 1 %. Lorsqu'elle a pris ses fonctions l'année suivante, elle est devenue la première femme et la première personne noire à occuper ce poste.

En tant que procureur général, Kamala Harris a souvent fait preuve d'indépendance politique, comme lorsqu'elle a rejeté les pressions de l'administration du président Barack Obama pour qu'elle règle un procès national contre des prêteurs hypothécaires pour pratiques déloyales. Au lieu de cela, elle a défendu la cause de la Californie et a obtenu, en 2012, un jugement cinq fois plus élevé que le règlement initialement proposé.

Kamala Harris a accru son profil national lorsqu'elle a prononcé un discours mémorable lors de la convention nationale démocrate de 2012. Largement considérée comme une étoile montante au sein du parti, elle a été recrutée pour briguer le siège de sénateur américain occupé par Barbara Boxer, qui prenait sa retraite. Début 2015, elle a annoncé sa candidature. Lors de la campagne, elle a appelé à des réformes de l'immigration et de la justice pénale, à des augmentations du salaire minimum et à la protection des droits reproductifs des femmes. Kamala Harris a remporté l'élection de 2016 avec près de trois millions de voix.

Après avoir pris ses fonctions en janvier 2017, Kamala Harris a commencé à siéger à la commission spéciale du renseignement et à la commission judiciaire, entre autres missions. Elle s'est fait connaître pour son style d'interrogatoire des témoins lors des audiences, dans un esprit de poursuite. En juin 2017, elle a particulièrement attiré l'attention pour ses questions au procureur général des États-Unis Jeff Sessions, qui témoignait devant la commission du renseignement sur l'ingérence présumée de la Russie dans l'élection présidentielle de 2016. Elle avait auparavant appelé Sessions à démissionner.

Le mémoire de Harris, *The Truths We Hold : An American Journey*, a été publié en janvier 2019. Peu de temps après, Kamala Harris a annoncé qu'elle cherchait à obtenir l'investiture démocrate pour la présidentielle de 2020. Elle a obtenu de bons résultats lors des premiers débats, mais a eu du mal à maintenir son élan dans la course à la présidence. Kamala Harris a abandonné la course au début du mois de décembre 2019.

En août 2020, Biden, qui allait devenir le candidat démocrate à la présidence, a nommé Harris comme colistière. Kamala Harris est devenue la première femme noire et la première indienne américaine à se présenter à la vice-présidence en tant que candidate d'un grand parti national. L'élection a eu lieu le 3 novembre. Au fur et à mesure du dépouillement des votes au cours des jours suivants, il est devenu évident que Biden et Harris remporteraient une majorité décisive des voix du collège électoral face à leurs adversaires, Donald Trump et Mike Pence. Biden et Harris ont également remporté le vote populaire par plusieurs millions de voix.

Dans les semaines qui ont suivi l'élection, Trump et divers autres dirigeants républicains ont contesté les résultats, affirmant sans fondement qu'il y avait eu une fraude électorale massive. Bien que Trump et ses alliés aient intenté un certain nombre de procès, aucune preuve n'a été fournie pour étayer les allégations. La grande majorité des affaires ont été rejetées. Début décembre 2020, tous les États avaient certifié les résultats des élections. Malgré tout, Trump a continué à appeler les républicains à annuler l'élection.

Le processus est ensuite passé au Congrès pour la certification finale. Peu après le début de la procédure, le 6 janvier 2021, une foule de partisans de Trump a pris d'assaut le Capitole. Il a fallu plusieurs heures pour sécuriser le bâtiment, mais Biden et Harris ont finalement été certifiés comme gagnants. Kamala Harris a par la suite dénoncé le siège - que beaucoup pensent que Trump a incité - comme "une attaque contre la démocratie américaine." Le 18 janvier, elle a officiellement démissionné du Sénat. Deux jours plus tard, Kamala Harris a prêté serment en tant que 49e vice-présidente du pays.

Points forts

- Kamala Harris a siégé au Sénat américain (2017-2021) et a été procureur général de Californie (2011-2017).
- Kamala Harris, de son vrai nom Kamala Devi Harris, est devenue l'une des principales avocates de la réforme de la justice sociale après la mort, en mai 2020, de George Floyd, un Afro-Américain qui avait été placé en garde à vue.
- En novembre 2020, Kamala Harris est devenue la première femme noire à être élue 49e vice-présidente des États-Unis (2021 -) dans l'administration démocrate du président Joe Biden.

Questions de recherche

---

1. Si vous pouviez changer quelque chose dans le monde, ce serait quoi et pourquoi ?
2. Quelles sont vos femmes puissantes préférées dans l'histoire et qu'est-ce qui les rend si spéciales à vos yeux ?
3. Y a-t-il quelqu'un dans le monde réel qui vous inspire ? Qu'ont-ils fait qui a eu un impact sur votre vie aujourd'hui ?

Serena Williams (née en 1981)

Joueur de tennis américain

" J'ai la chance que, quelle que soit la peur que j'ai en moi, mon désir de gagner est toujours plus fort. "

Serena Williams a été une force dominante dans son sport au début du 21e siècle. Dotée d'un coup droit puissant, d'un service rapide et agressif et de superbes qualités athlétiques, elle a révolutionné le jeu professionnel féminin grâce à son style de jeu puissant.

Serena Williams est née le 26 septembre 1981 à Saginaw, dans le Michigan. Elle et sa sœur aînée Venus ont été initiées au tennis à l'âge de 4 ans par leur père, Richard, dont l'objectif déclaré était de les élever pour devenir des championnes. L'ascension improbable des sœurs a commencé sur des courts publics de mauvaise qualité à Los Angeles, en Californie. Les deux filles ont joué des matchs d'exhibition contre des professionnels de premier plan avant d'atteindre l'adolescence. En 1991, la famille déménage en Floride, où les sœurs s'inscrivent dans une académie de tennis.

Serena Williams a fait ses débuts professionnels en 1995. Deux ans plus tard, pour son cinquième tournoi professionnel seulement, elle a battu Mary Pierce, classée septième, et Monica Seles, classée quatrième, pour atteindre les demi-finales de l'Ameritech Cup à Chicago. Au numéro 304, Williams est la joueuse la moins bien classée à avoir battu deux joueuses du top 10 dans le même tournoi. Après la compétition, son classement mondial en simple a grimpé à 102.

Les attentes à l'égard de Serena Williams ont commencé à croître rapidement. Son père fait des déclarations audacieuses aux médias au sujet de ses talentueuses filles, qui signent toutes deux des contrats de sponsoring de plusieurs millions de dollars. Moins d'un an plus tard, en juin 1998, elle atteint le top 20. En avril 1999 - après avoir battu Amélie Mauresmo pour remporter l'Open de Paris en salle, Steffi Graf pour remporter le tournoi des maîtres d'Indian Wells et Martina Hingis en demi-finale du Lipton Championship - Williams a fait son entrée dans le top 10 au numéro 9.

La jeune championne de 17 ans a atteint le top 5 au quatrième rang après avoir remporté l'US Open plus tard dans l'année. En tant que septième tête de série du tournoi, Serena Williams est la femme la moins bien classée à remporter le titre de l'US Open depuis le début de l'ère ouverte en 1968. Williams est la deuxième femme afro-américaine à remporter un tournoi du Grand Chelem, après les victoires d'Althea Gibson en 1957-58.

Serena Williams a remporté trois autres titres du Grand Chelem en 2002, en gagnant Roland-Garros, Wimbledon et l'US Open et en battant Venus en finale de chaque tournoi. Alors que Serena avait terminé les saisons 2000 et 2001 au sixième rang, après sa victoire à Roland-Garros en 2002, elle s'est hissée au deuxième rang, derrière Venus. Les sœurs Williams sont les premières sœurs à occuper les deux premières places du classement mondial en même temps.

Le 8 juillet 2002, après avoir remporté le titre de Wimbledon, Serena Williams a dépassé Venus au classement pour la première place. En 2003, elle remporte l'Open d'Australie et Wimbledon, en battant à nouveau sa sœur en finale. Serena Williams a remporté l'Open d'Australie six fois de plus (2005, 2007, 2009, 2010, 2015, 2017) et a conquis le titre de l'U.S. Open pour la troisième fois en 2008.

En 2009, Serena Williams a remporté son troisième titre de championne en simple à Wimbledon, en battant une fois de plus sa sœur, et a défendu son titre avec succès en 2010. Serena a ensuite lutté contre divers problèmes de santé qui l'ont tenue éloignée des courts pendant près d'un an. En 2012, elle a remporté son cinquième titre en simple à Wimbledon et son quatrième à l'US Open. En 2013, Serena a remporté son deuxième titre de championne de France en simple à Roland-Garros et son cinquième titre à l'US Open. Elle a défendu avec succès son titre de championne de l'US Open en 2014, ce qui lui a permis de remporter 18 titres du Grand Chelem en carrière, la plaçant à égalité avec Chris Evert et Martina Navratilova pour le deuxième plus haut total de l'ère ouverte en simple féminin.

Outre sa victoire à l'Open d'Australie en 2015, Serena Williams remporte cette année-là son troisième titre à Roland-Garros et son sixième à Wimbledon. Elle a de nouveau remporté Wimbledon en 2016 pour porter son nombre de titres de Grand Chelem en simple en carrière à 22, ce qui la place à égalité avec Graf pour le plus grand nombre de Slams de l'ère ouverte, tant chez les femmes que chez les hommes. En 2017, elle remporte son 23e titre du Grand Chelem en simple, un record, en battant sa sœur en finale de l'Open d'Australie. En avril de la même année, Serena Williams a annoncé qu'elle était enceinte (elle s'était fiancée en 2016) et qu'elle manquerait le reste de la saison 2017. Dix mois seulement après avoir donné naissance à une fille, elle atteint la finale de Wimbledon en juillet 2018 mais perd le match contre Angelique Kerber.

Les sœurs Williams ont également battu des records en tant que formidable équipe de double. Aux Jeux olympiques de 2000 à Sydney, en Australie, leur victoire retentissante 6-1, 6-1 sur l'équipe néerlandaise a fait d'elles les premières sœurs à remporter une médaille d'or en double. Les sœurs ont à nouveau remporté l'or en double aux Jeux de 2008 à Pékin, en Chine, et aux Jeux de 2012 à Londres, en Angleterre, où Serena Williams a également remporté la médaille d'or en simple.

En outre, les sœurs ont remporté les titres de double aux quatre tournois du Grand Chelem - l'US Open en 1999 et 2009, le French Open en 1999 et 2010, Wimbledon en 2000, 2002, 2008, 2009 et 2012, et l'Australian Open en 2001, 2003, 2009 et 2010.

Points forts

- Serena Williams est une joueuse de tennis américaine qui a révolutionné le tennis féminin avec son style de jeu puissant et qui a remporté plus de titres de Grand Chelem en simple (23) que n'importe quelle autre femme ou homme de l'ère ouverte.
- Serena Williams a appris le tennis avec son père sur les courts publics de Los Angeles et est devenue professionnelle en 1995, un an après sa sœur Venus.
- Serena Williams a battu le record de Graf lors de l'Open d'Australie 2017, où elle a battu sa sœur Venus en finale.
- En avril de la même année, Williams a annoncé qu'elle était enceinte (elle s'était fiancée à Alexis Ohanian, cofondateur du site Web Reddit, en décembre 2016) et qu'elle manquerait le reste de la saison 2017.

Questions de recherche

---

1. Y a-t-il une femme dont vous pensez qu'elle n'a pas été appréciée ou qu'on ne lui a pas accordé assez de crédit pour le bon travail qu'elle fait ? Pourquoi et qu'ont-elles fait ?
2. Quelle femme a eu, selon vous, un impact sur votre réussite, ou dont vous vous êtes inspiré pour arriver là où vous êtes aujourd'hui ?
3. Que devrions-nous enseigner aux filles du monde entier sur les droits des femmes et leur représentation dans la société ?

Sally Ride (1951-2012)

Astronaute américain

"C'est facile de dormir en flottant - c'est très confortable. Mais il faut faire attention à ne pas flotter sur quelqu'un ou quelque chose !"

En 1983, l'astronaute Sally Ride est devenue la première femme américaine à voyager dans l'espace. Seules deux autres femmes l'ont précédée dans l'espace : Valentina Tereshkova (en 1963) et Svetlana Savitskaya (en 1982), toutes deux originaires de l'ancienne Union soviétique.

Sally Kristen Ride est née le 26 mai 1951 à Encino, en Californie. Elle est très prometteuse en tant que joueuse de tennis, mais elle abandonne finalement ses projets de jouer en tant que professionnelle et étudie à l'Université de Stanford.

Sally Ride a obtenu en 1973 une licence en anglais et en physique. En 1978, alors qu'elle était candidate au doctorat et assistante d'enseignement en physique des lasers à Stanford, elle a été sélectionnée par la National Aeronautics and Space Administration (NASA) comme l'une des six candidates astronautes.

Sally Ride obtient un doctorat en astrophysique et commence ses cours de formation et d'évaluation la même année. En août 1979, elle a terminé sa formation à la NASA, a obtenu une licence de pilote et est devenue éligible pour une affectation en tant que spécialiste de mission de la navette spatiale américaine.

Le 18 juin 1983, Sally Ride est devenue la première Américaine dans l'espace en se plaçant en orbite à bord de la navette spatiale *Challenger*. La mission de la navette a duré six jours, au cours desquels elle a aidé à déployer deux satellites de communication et à réaliser diverses expériences.

Ride a participé à une deuxième mission spatiale à bord de *Challenger* en octobre 1984. L'équipage comprenait une autre femme, Kathryn Sullivan, amie d'enfance de Ride, qui devint la première Américaine à marcher dans l'espace.

Ride s'entraînait pour une troisième mission de la navette lorsque la navette *Challenger* a explosé après son lancement en janvier 1986, une catastrophe qui a amené la NASA à suspendre les vols de la navette pendant plus de deux ans. Sally Ride a fait partie de la commission présidentielle nommée pour enquêter sur l'accident. Elle a repris ce rôle en tant que membre de la commission qui a enquêté sur la désintégration en vol de la navette *Columbia* en février 2003.

Sally Ride a démissionné de la NASA en 1987 et, en 1989, elle est devenue professeur de physique à l'université de Californie, à San Diego, et directrice de son California Space Institute (jusqu'en 1996). En 1999-2000, elle a occupé des postes de direction chez Space.com, un site Web présentant du contenu sur l'espace, l'astronomie et la technologie.

À partir des années 1990, Sally Ride a lancé ou dirigé un certain nombre de programmes et d'organisations visant à promouvoir la science dans l'éducation, et notamment à soutenir les écolières intéressées par les sciences, les mathématiques ou la technologie.

Sally Ride a également écrit ou collaboré à plusieurs livres pour enfants sur l'exploration spatiale et ses expériences personnelles en tant qu'astronaute. Elle est décédée à La Jolla, en Californie, le 23 juillet 2012. En 2013, Ride a reçu à titre posthume la médaille présidentielle de la liberté.

Points forts

- Sally Ride s'est montrée très prometteuse en tant que joueuse de tennis, mais elle a finalement abandonné ses projets de jouer professionnellement et a fréquenté l'université de Stanford, où elle a obtenu des licences en anglais et en physique (1973).
- En 1978, alors qu'elle était doctorante et assistante d'enseignement en physique des lasers à Stanford, elle a été sélectionnée par la National Aeronautics and Space Administration (NASA) comme l'une des six candidates astronautes.
- Sally Ride a obtenu un doctorat en astrophysique et a commencé ses cours de formation et d'évaluation la même année.
- Le 18 juin 1983, Ride est devenue la première Américaine dans l'espace en se plaçant en orbite à bord de la navette Challenger.

Questions de recherche

---

1. À quoi pourrait ressembler l'égalité des sexes dans votre pays (ou dans votre vie actuelle) ?
2. Qui est pour vous un rappel réel de ce qu'est le féminisme, parce qu'il le vit à travers ses mots ou ses actions ?
3. Quel est le discours le plus inspirant que vous ayez jamais entendu ?

Audrey Hepburn (1929-1993)

Actrice américaine

"En vieillissant, vous découvrirez que vous avez deux mains. L'une pour vous aider vous-même, l'autre pour aider les autres."

L'actrice britannique d'origine belge Audrey Hepburn a illuminé l'écran et créé des rôles cinématographiques inoubliables avec sophistication et glamour. Plus tard, elle s'est également illustrée en tant qu'ambassadrice de bonne volonté infatigable du Fonds des Nations unies pour l'enfance (UNICEF). Audrey Hepburn était l'un des principaux défenseurs des enfants des pays en développement.

Hepburn est née Audrey Kathleen Ruston le 4 mai 1929, à Bruxelles, en Belgique. Ses parents étaient la baronne néerlandaise Ella Van Heemstra et Joseph Victor Anthony Ruston. Son père adopte plus tard le nom de famille Hepburn-Ruston. Il pensait descendre de James Hepburn, 4e comte de Bothwell (noble écossais et troisième mari de Marie, reine d'Écosse). Audrey a obtenu la citoyenneté britannique par son père et a fréquenté l'école en Angleterre pendant son enfance. Son père a quitté la famille lorsque Audrey Hepburn avait six ans.

En 1939, au début de la Seconde Guerre mondiale, sa mère fait déménager Audrey aux Pays-Bas. Elle pensait que le pays neutre serait plus sûr que l'Angleterre. Tout au long de la guerre, Audrey a enduré des épreuves dans la Hollande occupée par les nazis.

Audrey Hepburn parvient néanmoins à aller à l'école et à prendre des cours de danse classique. Pendant cette période, sa mère change temporairement le nom d'Audrey en Edda Van Heemstra. Elle craignait que le nom de naissance d'Audrey ne révèle ses origines britanniques. Après la guerre, Audrey continue d'étudier le ballet à Amsterdam et à Londres, en Angleterre.

Au début de la vingtaine, Audrey Hepburn étudie le théâtre et travaille comme mannequin et danseuse. Elle commence également à obtenir quelques petits rôles au cinéma, sous le nom d'Audrey Hepburn.

Lors du tournage d'un film à Monte-Carlo, Monaco, Audrey Hepburn fait la connaissance de la romancière française Colette. Colette insiste pour que Hepburn joue à Broadway dans une adaptation de 1951 de son roman Gigi (1944). Malgré son inexpérience, Hepburn reçoit des critiques élogieuses.

C'est le film américain Roman Holiday (1953) qui lui a permis de percer dans le cinéma. Audrey Hepburn a enchanté le public avec son interprétation d'une princesse pleine d'entrain qui tombe amoureuse d'un journaliste, joué par Gregory Peck. La performance d'Audrey Hepburn lui vaut un Oscar de la meilleure actrice. Sa coupe de cheveux et sa tenue de garçon manqué ont fait fureur, la première des nombreuses tendances que Hepburn a lancées.

En 1954, Audrey Hepburn a remporté un Tony Award pour sa performance dans Ondine. Elle joue aux côtés de Mel Ferrer, qu'elle épousera plus tard dans l'année. Bien que Hepburn ne retourne pas à Broadway, elle continue à ravir les cinéphiles dans des comédies romantiques légères. Parmi celles-ci, citons Sabrina (1954), dans lequel Hepburn joue le rôle de la fille d'un chauffeur qui entretient une relation amoureuse avec William Holden et Humphrey Bogart.

Un autre film est Funny Face (1957), dans lequel Hepburn joue le rôle d'une libraire devenue mannequin. Pendant cette période, Hepburn joue également dans des films dramatiques majeurs tels que Guerre et paix (1956) et L'histoire de la nonne (1959).

Dans les années 1960, Audrey Hepburn a commencé à jouer des personnages plus sophistiqués et mondains. Dans l'un de ses rôles les plus célèbres, elle incarne l'attachante Holly Golightly dans Breakfast at Tiffany's (1961). Elle a également tourné dans The Children's Hour (1961), Charade (1963), My Fair Lady (1964), et Two for the Road et Wait Until Dark (1967). Elle a été nommée aux Oscars pour Sabrina, The Nun's Story, Breakfast at Tiffany's et Wait Until Dark.

Audrey Hepburn divorce de Ferrer en 1968 et épouse un éminent psychiatre italien. Elle prend ensuite sa retraite, préférant se consacrer à sa famille plutôt qu'à sa carrière. Hepburn sort de sa retraite pour jouer dans Robin et Marianne (1976) et apparaît ensuite dans quelques autres films. Sa dernière apparition fut celle d'un ange dans Always (1989).

En 1988, Audrey Hepburn entame une nouvelle carrière en tant qu'ambassadrice spéciale de bonne volonté pour l'UNICEF. Elle se consacre au travail humanitaire, visitant des villages frappés par la famine en Amérique latine, en Afrique et en Asie. En 1993, l'Academy of Motion Picture Arts and Sciences lui décerne le prix humanitaire Jean Hersholt.

Audrey Hepburn est décédée le 20 janvier 1993 à Tolochenaz, en Suisse, avant d'avoir pu accepter officiellement le prix. Le fils d'Audrey Hepburn l'a accepté en son nom.

Points forts

- Bien que née en Belgique, Audrey a la nationalité britannique par son père et a fréquenté l'école en Angleterre pendant son enfance.
- Dans les années 1960, Hepburn a dépassé son image d'ingénue et commence à incarner des personnages plus sophistiqués et mondains, bien qu'encore souvent vulnérables, notamment l'effervescente et mystérieuse Holly Golightly dans Breakfast at Tiffany's (1961), une adaptation de la nouvelle de Truman Capote ; une jeune veuve chic prise dans le suspense de Charade (1963),

avec Cary Grant ; et une femme à l'esprit libre engagée dans un mariage difficile dans Two for the Road (1967).

- Le rôle le plus controversé d'Audrey Hepburn est peut-être celui d'Eliza Doolittle dans le film musical My Fair Lady (1964).
- Après avoir joué dans le thriller Wait Until Dark (1967), Hepburn prend une semi-retraite. Elle ne reviendra au cinéma qu'en 1976, lorsqu'elle jouera dans l'histoire d'amour nostalgique Robin et Marianne.

Questions de recherche

---

1. Selon vous, qui a le pouvoir de changer la société pour le mieux grâce à sa capacité à toucher, inspirer et responsabiliser les autres par son seul travail ou ses seules actions ?
2. Pourquoi est-il important de prendre conscience de l'importance de l'autonomisation des femmes pour la société dans son ensemble, au lieu de se concentrer uniquement sur les luttes individuelles au sein d'un système patriarcal ?
3. Pensez-vous qu'il est normal que les filles se maquillent pour la première fois lorsqu'elles sont lycéennes ou adolescentes, ou devraient-elles attendre au moins leur première année d'université ?

Shirin Ebadi (née en 1947)

La première femme musulmane et iranienne à recevoir le prix Nobel.

"Je maintiens que rien d'utile et de durable ne peut émerger de la violence."

Shirin Ebadi, avocate, écrivain et enseignante iranienne, a reçu le prix Nobel de la paix en 2003 pour ses efforts de promotion de la démocratie et des droits de l'homme, notamment ceux des femmes et des enfants en Iran. Ebadi a été la première femme musulmane et la première Iranienne à recevoir ce prix.

Shirin Ebadi est née le 21 juin 1947 à Hamadan, en Iran, mais a grandi à Téhéran. Elle a obtenu un diplôme de droit de l'université de Téhéran en 1969. La même année, Ebadi a commencé un apprentissage au ministère de la Justice et est devenue l'une des premières femmes juges en Iran. Shirin Ebadi a également obtenu un doctorat en droit privé à l'université de Téhéran en 1971. De 1975 à 1979, elle a été à la tête du tribunal de la ville de Téhéran.

Après la prise de contrôle de l'Iran par des révolutionnaires islamiques militants en 1979, le rôle des femmes a été limité. Il a été interdit à Mme Ebadi et à ses collègues féminines d'exercer la fonction de juge et on leur a confié des fonctions de greffière. Lorsqu'elles ont dénoncé leur traitement, elles ont obtenu des postes plus élevés au sein du ministère de la justice, mais n'ont pas retrouvé leur position antérieure. Elle a démissionné en signe de protestation.

Shirin Ebadi a ensuite essayé de pratiquer le droit, mais, en vertu des mêmes politiques restrictives, elle s'est vu refuser une licence. Cela a changé en 1992, date à laquelle elle a obtenu une licence et a ouvert son propre cabinet d'avocats. À ce titre, elle a défendu des femmes et des dissidents, représentant de nombreuses personnes qui s'étaient opposées au gouvernement iranien. En 2000, elle a été reconnue coupable de "trouble de l'opinion publique" après avoir diffusé des preuves impliquant des responsables gouvernementaux dans les meurtres d'étudiants à l'université de Téhéran en 1999. Shirin Ebadi a d'abord été condamnée à une peine de prison, à une interdiction d'exercer la profession d'avocat pendant cinq ans et à une amende, mais sa peine a ensuite été suspendue.

Shirin Ebadi a participé à la création du Centre des défenseurs des droits de l'homme en 2001. Ce centre a été fermé par le gouvernement en 2008. La même année, son cabinet d'avocats a été perquisitionné et, en 2009, elle s'est exilée au Royaume-Uni. Elle a toutefois continué à militer en faveur de réformes en Iran.

Shirin Ebadi a écrit de nombreux ouvrages sur le thème des droits de l'homme, dont The Rights of the Child : A Study on Legal Aspects of Children's Rights in Iran (1994), History and Documentation of Human Rights in Iran (2000), et The Rights of Women (2002). Mme Ebadi a également fondé et dirigé l'Association pour le soutien des droits de l'enfant en Iran. Ebadi a réfléchi à ses propres expériences dans des ouvrages ultérieurs tels que Until We Are Free : Mon combat pour les droits de l'homme en Iran (2016).

Points forts

- Tout en exerçant sa fonction de juge, Shirin Ebadi a également obtenu un doctorat en droit privé à l'université de Tehrān (1971).
- Après la révolution de 1978-1979 et l'instauration d'une république islamique, les femmes ont été jugées inaptes à exercer la fonction de juge, car les nouveaux dirigeants estimaient que l'islam l'interdisait.
- Ebadi a écrit un certain nombre de livres sur le sujet des droits de l'homme, dont The Rights of the Child : A Study of Legal Aspects of Children's Rights in Iran (1994), History and Documentation of Human Rights in Iran (2000), et The Rights of Women (2002).
- Shirin Ebadi a réfléchi à ses propres expériences dans Iran Awakening : From Prison to Peace Prize, One Woman's Struggle at the Crossroads (2006 ; avec Azadeh Moaveni ; également publié sous le titre Iran Awakening : A Memoir of Revolution and Hope) et Until We Are Free : Mon combat pour les droits de l'homme en Iran (2016).

Questions de recherche

---

1. Qu'est-ce qui vous inspire dans son parcours et ses réalisations ?
2. Si vous vouliez en savoir plus sur l'Iran ou la politique, par où commenceriez-vous ?
3. Quelle est votre femme politique préférée ?

Wilma Rudolph (1940-1994)

Athlète américain

"Croyez-moi, la récompense n'est pas si grande sans la lutte."

Personne qui a connu Wilma Rudolph pendant son enfance n'aurait jamais pu deviner qu'elle deviendrait une superstar de l'athlétisme. Une série de maladies au début de sa vie l'a laissée sans l'usage d'une jambe, et seuls des exercices et des soins constants lui ont permis de marcher à l'âge de huit ans.

Wilma Rudolph a cependant continué à exceller dans les sports au lycée et à l'université, et en 1960, Wilma Rudolph est devenue la première coureuse américaine à remporter trois médailles d'or lors d'une même olympiade.

Wilma Glodean Rudolph est née prématurément le 23 juin 1940 à St. Bethlehem, Tennessee. Rudolph était le 20ème des 22 enfants que son père avait eus entre deux mariages.

Wilma Rudolph a passé la majeure partie de son enfance au lit, souffrant de pneumonie, de scarlatine et de polio. Elle détestait les attelles métalliques qu'elle devait porter et souhaitait ardemment pouvoir se déplacer comme les autres enfants. Avec l'aide de sa famille, qui a massé sa jambe handicapée et l'a conduite à la thérapie physique, Wilma Rudolph a échangé son appareil contre des chaussures spéciales. Plus tard, Rudolph a pu se débarrasser de ces chaussures également.

Pendant ses études secondaires, Wilma Rudolph devient une star du basket-ball et de la course à pied. À l'âge de 14 ans, elle attire l'attention d'un entraîneur d'athlétisme de l'université d'État du Tennessee, à Nashville, école dont elle sera plus tard diplômée (1963).

Wilma Rudolph travaillait avec lui pendant les étés pour améliorer ses capacités de sprint. À l'âge de 16 ans, Rudolph se rend à Melbourne, en Australie, pour les Jeux olympiques d'été de 1956 et reçoit une médaille de bronze en tant que membre de l'équipe de relais 4x100 mètres.

Wilma Rudolph a été championne du 100 mètres de l'Amateur Athletic Union (AAU) de 1959 à 1962. En 1960, avant les Jeux olympiques de Rome, elle établit un record du monde de 22,9 secondes pour la course de 200 mètres.

Lors des Jeux eux-mêmes, Rudolph a remporté des médailles d'or au 100 mètres (égalant le record mondial de 11,3 secondes en demi-finale), au 200 mètres (courant la manche d'ouverture en 23,2 secondes pour battre le record olympique) et au relais 4x100 mètres (ancrant l'équipe à un nouveau record mondial de 44,4 secondes dans une course de demi-finale). En 1961, l'AUA a décerné à Rudolph son prix Sullivan en tant que meilleur athlète amateur de l'année.

Estimant que Wilma Rudolph ne serait peut-être pas en mesure d'atteindre le même niveau de réussite, elle refuse de participer aux Jeux olympiques de 1964. Après avoir pris sa retraite en tant que coureuse, Wilma Rudolph a enseigné, entraîné, prononcé des discours de motivation et est devenue mère.

Wilma Rudolph a travaillé sur l'opération Champion pour offrir aux enfants et aux adolescents des quartiers défavorisés une formation sportive dispensée par des athlètes vedettes. Elle a également fondé la Fondation Wilma Rudolph pour promouvoir l'athlétisme amateur et encourager les enfants à surmonter les obstacles.

Wilma Rudolph a été nommée au National Track and Field Hall of Fame en 1974, au International Sports Hall of Fame en 1980 et au U.S. Olympic Hall of Fame en 1983. Son autobiographie, *Wilma*, a été publiée en 1977 et a fait l'objet d'un téléfilm la même année. Wilma Rudolph est décédée d'un cancer du cerveau le 12 novembre 1994, à Brentwood, dans le Tennessee.

Points forts

- Wilma Rudolph était malade dans son enfance et ne pouvait pas marcher sans chaussure orthopédique jusqu'à l'âge de 11 ans.
- Cependant, sa détermination à concourir a fait d'elle une star du basket et du sprint au lycée de Clarksville, dans le Tennessee.
- À l'âge de 16 ans, Wilma Rudolph participe aux Jeux olympiques de 1956 à Melbourne, en Australie, et remporte une médaille de bronze dans la course de relais 4 × 100 mètres.
- En 1960, avant les Jeux olympiques de Rome, elle établit un record du monde de 22,9 secondes pour le 200 mètres. Lors des Jeux eux-mêmes, elle remporte des médailles d'or au 100 mètres (record du monde égalé : 11,3 secondes), au 200 mètres et en tant que membre de l'équipe de relais 4 × 100 mètres, qui avait établi un record du monde de 44,4 secondes en demi-finale.

Questions de recherche

---

1. Quelles sont les citations les plus influentes et les plus valorisantes que les femmes ont prononcées ?
2. Comment les médias sociaux ont-ils contribué à l'autonomisation et à l'inspiration des femmes ?
3. Que signifient pour vous les titres d'être "influent", "habilité" et "inspirant" ?

Gloria Steinem (née en 1934)

Féministe américaine, militante politique et éditrice.

"L'art de la vie ne consiste pas à contrôler ce qui nous arrive, mais à utiliser ce qui nous arrive."

Gloria Steinem était une militante du mouvement de libération des femmes à la fin du XXe siècle. Steinem a fondé le magazine *Ms.*, par lequel elle espérait explorer les questions d'actualité d'un point de vue féministe.

Gloria Steinem est née le 25 mars 1934 à Toledo, dans l'Ohio. Lorsqu'elle était jeune, elle voyageait avec ses parents dans une caravane. Le couple a divorcé en 1946, et Gloria s'est installée avec sa mère à Toledo.

Pour la première fois, Gloria Steinem a pu aller à l'école de manière régulière. Elle devait également s'occuper de sa mère, qui souffrait de dépression chronique. Pendant sa dernière année de lycée, Steinem déménage à Washington, D.C., pour vivre avec sa sœur aînée.

Diplômée du Smith College en 1956, Gloria Steinem s'est rendue en Inde grâce à une bourse d'études. Elle y participe à des manifestations non violentes contre la politique du gouvernement. De retour aux États-Unis, elle commence à travailler comme écrivain et journaliste à New York en 1960.

Son article de 1963 "I Was a Playboy Bunny", qui relate son expérience de serveuse au Playboy Club de Hugh Hefner, lui apporte une notoriété immédiate. Quelques années plus tard, le travail de Steinem prend un tour plus politique et elle commence à rédiger une chronique, "The City Politic", pour le magazine *New York*. Après avoir assisté à une réunion d'un groupe féministe radical, les Redstockings, en 1968, son engagement dans le féminisme se renforce.

En conséquence, Gloria Steinem fonde en juillet 1971, avec Betty Friedan, Bella Abzug et Shirley Chisholm, le National Women's Political Caucus, une organisation dédiée à la promotion des femmes en politique. La même année, elle a commencé à développer le magazine *Ms.*, qui est apparu pour la première fois sous forme d'encart dans le numéro de décembre du *New York*.

À la fin des années 70 et dans les années 80, Gloria Steinem est devenue la porte-parole du mouvement de libération des femmes. Elle a contribué à la création de la Coalition of Labor Union Women, de Voters for Choice et de Women Against Pornography.

Gloria Steinem a notamment publié *Outrageous Acts and Everyday Rebellions* (1983), *Revolution from Within* (1992) et *Moving Beyond Words* (1994). Elle a reçu la médaille présidentielle de la liberté en 2013.

Points forts

- Gloria Steinem, de son vrai nom Gloria Marie Steinem, a passé ses premières années à voyager avec ses parents dans une caravane.
- Après avoir obtenu son diplôme du Smith College en 1956, Steinem s'est rendue en Inde grâce à une bourse d'études, où elle a participé à des manifestations non violentes contre la politique gouvernementale.
- En 1960, Gloria Steinem commence à travailler comme écrivain et journaliste à New York. Elle a attiré l'attention en 1963 avec son article "I Was a Playboy Bunny", qui racontait son expérience en

tant que serveuse légèrement vêtue au Playboy Club de Hugh Hefner.

- Elle a participé à la fondation de la Coalition of Labor Union Women, de Voters for Choice, de Women Against Pornography et du Women's Media Center.
- En 2013, Steinem a reçu la médaille présidentielle de la liberté.

Questions de recherche

---

1. Quelle est votre opinion sur les femmes puissantes ?
2. Êtes-vous féministe ? Si oui, comment vous décririez-vous en tant que féministe ?
3. Les luttes des femmes puissantes et/ou des féministes reflètent-elles également les problèmes des femmes en général aujourd'hui ?

Vigdís Finnbogadóttir (née en 1930)

La première femme à avoir été élue démocratiquement présidente

"Nous avons tous, en tant que citoyens du monde, le devoir de contribuer, dans toute la mesure de nos moyens, au progrès continu de l'esprit d'humanité."

La première femme au monde à être élue chef d'État lors d'une élection nationale était Vigdís Finnbogadóttir. (La première femme au monde à occuper le poste de premier ministre, qui a été chef de gouvernement, était Sirimavo Bandaranaike du Sri Lanka).

Vigdís Finnbogadótti a été présidente de l'Islande de 1980 à 1996. Bien que la présidence islandaise soit essentiellement un poste protocolaire, Mme Finnbogadóttir a joué un rôle actif dans la promotion du pays en tant qu'ambassadrice culturelle. Elle jouissait d'une grande popularité.

Vigdís Finnbogadótti est née le 15 avril 1930 à Reykjavík, en Islande, dans une famille aisée et bien informée. Sa mère présidait l'association nationale des infirmières islandaises et son père était ingénieur civil. Après avoir obtenu son diplôme du collège de Reykjavík en 1949, Mme Finnbogadóttir a fréquenté l'université de Grenoble et la Sorbonne en

France, ainsi que l'université d'Uppsala en Suède. Elle a également étudié au Danemark et à l'université d'Islande, où Mme Finnbogadótti a ensuite enseigné le français, le théâtre et l'histoire du théâtre.

De 1972 à 1980, Vigdís Finnbogadótti a été directrice de la Compagnie théâtrale de Reykjavík (Leikfélag Reykjavíkur) et a participé à un groupe de théâtre expérimental. Pendant cette période, elle a présenté des cours de français et des émissions culturelles sur la télévision d'État islandaise. Ce rôle a renforcé sa réputation et sa popularité au niveau national.

Pendant la saison touristique estivale, Vigdís Finnbogadótti a également fait office de guide et de traducteur pour l'Office du tourisme islandais. Vigdís Finnbogadótti est devenu membre du Comité consultatif des affaires culturelles des pays nordiques en 1976 et a été élu président en 1978.

Bien qu'elle soit une mère célibataire divorcée, Vigdís Finnbogadótti a été choisie en 1980 pour être candidate à la présidence de l'Islande. Mme Finnbogadótti a été élue de justesse, avec 33,6 % des voix, face à trois adversaires masculins. Elle a été réélue présidente à trois reprises - en 1984, 1988 et 1992 - avant de se retirer de la vie politique en 1996.

En 1996, Vigdís Finnbogadótti est devenue présidente fondatrice du Council of Women World Leaders à la John F. Kennedy School of Government de l'université Harvard, à Cambridge, dans le Massachusetts. Deux ans plus tard, elle est nommée présidente de la Commission mondiale d'éthique des connaissances scientifiques et des technologies de l'Organisation des Nations unies pour l'éducation, la science et la culture (UNESCO).

Points forts

- Vigdís Finnbogadóttir est née dans une famille aisée et bien informée. Sa mère présidait l'association nationale des infirmières islandaises et son père était ingénieur civil.
- De 1972 à 1980, Vigdís Finnbogadóttir a été directrice de la Compagnie de théâtre de Reykjavík (Leikfélag Reykjavíkur) et a participé à un groupe de théâtre expérimental.

- Vigdís Finnbogadóttir est devenue membre du Comité consultatif des affaires culturelles des pays nordiques en 1976 et a été élue présidente en 1978.
- Bien que la présidence islandaise soit essentiellement un poste protocolaire, Mme Finnbogadóttir a joué un rôle actif dans la promotion du pays en tant qu'ambassadrice culturelle et a bénéficié d'une grande popularité.

Questions de recherche

---

1. Comment pensez-vous que son expérience en tant que femme charismatique et progressiste a été différente de celle des autres présidents ?
2. Quelles sont les plus grandes réalisations qu'elle a accomplies en tant que présidente ?

Sandra Day O'Connor (née en 1930)

Juge de la Cour suprême des États-Unis

"Faites de votre mieux dans chaque tâche, même si elle vous semble sans importance sur le moment. Personne n'en apprend plus sur un problème que la personne au bas de l'échelle."

Première femme à être nommée juge associée à la Cour suprême des États-Unis, Sandra Day O'Connor a servi de 1981 à 2006, date de sa retraite. Conservatrice modérée, elle était connue pour ses opinions soigneusement étudiées.

Sandra Day est née le 26 mars 1930 à El Paso, au Texas, mais a grandi dans un grand ranch familial près de Duncan, en Arizona. O'Connor fréquente l'université de Stanford, où elle obtient un diplôme de premier cycle en 1950 et un diplôme de droit en 1952. Après avoir obtenu son diplôme, elle a épousé un camarade de classe, John Jay O'Connor III.

Bien que Sandra Day O'Connor soit hautement qualifiée, elle ne parvient pas à trouver un emploi dans un cabinet d'avocats parce qu'elle est une femme. Après un bref passage en tant que procureur adjoint du comté de

San Mateo, en Californie, Sandra Day O'Connor et son mari, membre du corps des juges-avocats généraux de l'armée américaine, s'installent en Allemagne, où elle occupe le poste de procureur civil de l'armée de 1954 à 1957.

Lorsque Sandra Day O'Connor rentre aux États-Unis, elle s'installe dans le privé à Maryville, Arizona, et devient assistante du procureur général de l'État de 1965 à 1969. Elle a ensuite été membre républicain du Sénat de l'État de 1969 à 1974 et a fini par devenir la première femme à diriger la majorité.

En 1974, Sandra Day O'Connor est élue juge à la Cour supérieure du comté de Maricopa, et cinq ans plus tard, elle est nommée à la Cour d'appel de l'Arizona à Phoenix. Le président Ronald Reagan l'a nommée en juillet 1981 pour occuper le poste laissé vacant à la Cour suprême par le départ à la retraite du juge Potter Stewart. Elle a été confirmée à l'unanimité par le Sénat et a prêté serment en tant que première femme juge en septembre.

Sandra Day O'Connor s'est rapidement fait connaître pour son approche pratique et a été considérée comme une voix décisive dans les décisions de la Cour suprême. Dans des domaines aussi différents que le droit électoral et le droit à l'avortement, Sandra Day O'Connor a tenté de trouver des solutions viables à des questions constitutionnelles majeures, souvent au cours de plusieurs affaires.

Elle a pris sa retraite de la Cour suprême en 2006 et a été remplacée par Samuel A. Alito, Jr. En 2009, Sandra Day O'Connor a reçu la médaille présidentielle américaine de la liberté.

Points forts

- Sandra Day O'Connor a été la première femme à siéger à la Cour suprême.
- Dans une série d'arrêts, Mme O'Connor a signalé sa réticence à soutenir toute décision qui priverait les femmes du droit de choisir un avortement sûr et légal.

- Sous sa direction, dans l'affaire Planned Parenthood of Southeastern Pennsylvania v. Casey (1992), la Cour a remanié sa position sur le droit à l'avortement.

Questions de recherche

---

1. Que pensez-vous du féminisme et de son rôle dans le monde d'aujourd'hui ?
2. Les femmes sont-elles représentées de manière positive dans vos médias (locaux) ?
3. Y a-t-il une femme à laquelle vous aspirez à ressembler plus qu'à une autre ?

Althea Gibson (1927-2003)

Joueur de tennis américain

"J'étais à la fois nerveux et confiant, nerveux à l'idée d'aller sur le terrain devant tous ces gens, avec tant d'enjeux, et confiant que j'allais y aller et gagner. "

La première joueuse de tennis afro-américaine de classe mondiale fut Althea Gibson. En 1950, elle a brisé la barrière de la couleur dans le tennis en devenant la première athlète noire à participer au championnat national de tennis des États-Unis.

Althea Gibson a été la meilleure joueuse du sport à la fin des années 1950, remportant cinq tournois du Grand Chelem en simple. Au cours de sa carrière, elle a remporté plus de 50 autres tournois. Mesurant près de 5 pieds 11 pouces, Gibson avait une portée impressionnante et délivrait un service fort et intimidant.

Althea Gibson est née le 25 août 1927 à Silver, en Caroline du Sud. Elle grandit dans le quartier de Harlem à New York, où elle apprend à jouer au padel à l'âge de neuf ans dans le cadre d'un programme récréatif organisé par la Police Athletic League. L'un des entraîneurs lui a ensuite appris à jouer au tennis, et elle a commencé à s'entraîner, et à gagner des matchs, au Cosmopolitan Tennis Club de Harlem.

En 1947, Althea Gibson a remporté le premier de ses 10 titres nationaux consécutifs de championne noire. Elle a continué à jouer dans des tournois nationaux tout en fréquentant la Florida Agricultural and Mechanical University à Tallahassee, où elle jouait également dans l'équipe de basket-ball de l'école.

Au début, Althea Gibson jouait dans des tournois sponsorisés par l'American Tennis Association, une organisation fondée pour les joueurs afro-américains comme alternative à l'United States Lawn Tennis Association (USLTA). Gibson a commencé à participer à des matchs de l'USLTA en 1949 et a remporté le championnat de l'Est en salle de cette association en 1950. Mais la plupart des grands tournois sont organisés dans des clubs de tennis réservés aux Blancs.

Après quelques pressions publiques, Althea Gibson devient en 1950 la première athlète noire à être invitée au championnat national américain sur gazon, ancêtre de l'U.S. Open, à Forest Hills, dans le Queens, à New York. En 1951, elle est devenue la première Afro-Américaine à jouer à Wimbledon. L'année suivante, Gibson se classe pour la première fois parmi les dix meilleures joueuses de tennis au monde.

Le jeu d'Althea Gibson stagne au milieu des années 1950, mais il est revigoré lorsqu'elle participe à une tournée de tennis organisée par le département d'État américain en Asie. Elle remporte une série de tournois là-bas et en Europe, dont son premier tournoi du Grand Chelem, le championnat de France en 1956.

Althea Gibson remporte cette année-là le championnat italien en simple et le titre en double à Wimbledon. En 1957, Gibson a remporté les titres australiens en double et américains en double mixte. La même année, elle remporte les championnats en simple et en double à Wimbledon et en simple à Forest Hills, et Gibson reconquiert ces trois titres en 1958. Elle s'est ensuite retirée du tennis amateur.

Althea Gibson a joué pendant un certain temps en tant que professionnelle, notamment lors de matchs de tennis d'exhibition lors des matchs des Harlem Globetrotters, mais il y avait peu de tournois de tennis professionnels organisés dans ces années-là. Elle se lance alors dans le golf. En 1963, elle devient la première athlète noire à jouer sur le circuit de la Ladies Professional Golf Association (LPGA). À partir de 1973, elle a travaillé comme administratrice sportive, principalement pour l'État du New Jersey, où elle a vécu ses dernières années.

Althea Gibson a publié une autobiographie, *I Always Wanted to Be Somebody*, en 1958. Althea Gibson est décédée à East Orange, dans le New Jersey, le 28 septembre 2003.

Points forts

- Althea Gibson, a été la première joueuse noire à remporter les championnats de France (1956), de Wimbledon (1957-58) et de l'US Open (1957-58) en simple.
- En 1942, Gibson a remporté son premier tournoi, qui était parrainé par l'American Tennis Association (ATA), une organisation fondée par des joueurs afro-américains.
- En 1947, Gibson a remporté le championnat féminin en simple de l'ATA, qu'elle a conservé pendant 10 années consécutives.
- Tout en poursuivant ses études à l'université agricole et mécanique de Floride (B.S., 1953) à Tallahassee, elle continue à jouer dans des tournois dans tout le pays et, en 1950, elle devient la première joueuse de tennis noire à participer au tournoi de championnat national sur gazon à Forest Hills dans le Queens, à New York.
- Gibson a également remporté le double mixte américain et le double féminin australien en 1957.

Questions de recherche

---

1. Que diriez-vous à quelqu'un qui ne pense pas que ces femmes méritent d'être influentes, autonomes et inspirantes ?
2. Si vous pouviez dîner avec une femme de l'histoire (réelle ou fictive), qui serait-ce ?
3. Selon vous, quelle série télévisée sera la plus féministe de tous les temps, et pourquoi ?

Yingluck Shinawatra (née en 1967)

Premier ministre de la Thaïlande

" Je suis prêt à me battre selon les règles, et je demande l'opportunité de faire mes preuves. "

La première femme Premier ministre de Thaïlande a été l'homme d'affaires et la femme politique Yingluck Shinawatra. Elle a occupé le poste de premier ministre du pays de 2011 à 2014. Yingluck était la sœur de l'ancien premier ministre Thaksin Shinawatra, qui avait été évincé par un coup d'État militaire sans effusion de sang.

Yingluck Shinawatra est née le 21 juin 1967, dans la ville de San Kamphaeng, en Thaïlande. Shinawatra était la plus jeune des neuf enfants nés dans une famille aisée d'origine chinoise. Le père de Yingluck a été membre du parlement de la fin des années 1960 au milieu des années 1970. Son frère Thaksin a également siégé au Parlement et occupé divers postes ministériels avant d'être Premier ministre de 2001 à 2006.

Yingluck Shinawatra est diplômée de l'université de Chiang Mai en 1988. Elle a fait des études supérieures aux États-Unis, où elle a obtenu une maîtrise en administration publique de l'université d'État du Kentucky à Frankfort en 1991.

Après son retour en Thaïlande, Yingluck Shinawatra a commencé à travailler dans les différentes entreprises commerciales de sa famille. Avec le temps, elle est devenue un cadre supérieur d'Advanced Info Service (AIS), la branche télécommunications de la grande société holding familiale. En 2006, la société mère d'AIS a été vendue à un conglomérat basé à Singapour.

Cette transaction controversée a rapporté un énorme bénéfice à la famille, mais a été l'un des facteurs qui ont conduit à la chute de Thaksin plus tard dans l'année. Après la vente, Yingluck Shinawatra est devenue présidente de l'entreprise immobilière de la famille. Son frère a été démis de ses fonctions de Premier ministre et est parti en exil.

Thaksin reste toutefois populaire en Thaïlande, notamment auprès des populations rurales du nord du pays. Des tensions sont apparues entre ses partisans et ses opposants, qui étaient principalement des élites urbaines. Au final, les manifestations de masse prolongées des partisans de Thaksin au printemps 2010 à Bangkok ont été réprimées par la force par l'armée thaïlandaise.

Après la destitution de Thaksin, son parti politique a été mis hors la loi. En 2008, un successeur à son parti a été formé. Le nouveau parti a été nommé le Parti pour les Thaïlandais (Phak Puea Thai ; PPT). Des élections législatives ont été annoncées début mai 2011, et Yingluck a déclaré sa candidature peu après.

Yingluck Shinawatra, considérée comme un nouveau visage de la politique thaïlandaise, a néanmoins été considérablement aidée par le fait d'être la sœur de Thaksin. Lors des élections du 3 juillet, Shinawatra a remporté la victoire dans les urnes, avec le PPT. Elle est devenue Premier ministre.

Presque immédiatement après son entrée en fonction, Yingluck Shinawatra a dû faire face à des inondations massives dans une grande partie de la Thaïlande, causées par des pluies de mousson d'une intensité inhabituelle. La catastrophe a fait des centaines de morts et entraîné la fermeture d'une grande partie des activités manufacturières à capitaux étrangers du pays, économiquement vitales. La plupart de ces entreprises ont repris leurs activités à la mi-2012, ce qui a contribué à relancer l'économie thaïlandaise.

Sur le plan politique, Yingluck Shinawatra a dû faire face aux critiques constantes de l'opposition, qui lui reprochait d'agir par procuration pour son frère en exil, Thaksin. En 2013, son gouvernement a tenté d'accorder l'amnistie aux personnes impliquées dans les tensions politiques entre 2006 et 2010 - ce qui, pensait-on, inclurait son frère. Cette tentative a non seulement échoué au Parlement, mais elle a également entraîné des manifestations antigouvernementales massives à la fin de l'année.

Yingluck Shinawatra a réagi en dissolvant l'assemblée législative et en programmant des élections anticipées pour février 2014. Des manifestants de l'opposition sont toutefois parvenus à perturber le déroulement du scrutin, et les tribunaux ont déclaré l'élection invalide.

Yingluck Shinawatra a appelé à de nouvelles élections, qui devaient se tenir en juillet 2014. Début mai, cependant, la Cour constitutionnelle du pays a jugé qu'elle avait illégalement démis un fonctionnaire du gouvernement au début de son administration, et elle a été démise de ses fonctions. Un jour après son éviction, elle a été inculpée pour corruption dans le cadre d'un programme de subventionnement du riz mis en place par son gouvernement.

Plus tard en mai, les militaires ont organisé un coup d'État sans effusion de sang et ont établi un conseil de direction. Au début du mois d'août, le conseil a nommé une assemblée législative provisoire. En janvier 2015, alors que les accusations criminelles étaient toujours en cours contre elle, cette législature a voté la mise en accusation de Yingluck pour son implication dans le programme de subventionnement du riz. En conséquence, Yingluck Shinawatra était inéligible à la fonction publique pour les cinq années suivantes.

Points forts

- Yingluck Shinawatra, est une femme d'affaires et une femme politique thaïlandaise qui a été Premier ministre de la Thaïlande de 2011 à 2014.
- Elle était la sœur cadette de l'ancien Premier ministre Thaksin Shinawatra et la première femme du pays à occuper cette fonction.
- Thaksin a été chassé du pouvoir par un coup d'État militaire sans effusion de sang en septembre 2006.
- Un mandat d'arrêt a été émis à son encontre, mais des membres de son parti ont indiqué qu'elle avait fui le pays pour rejoindre son frère à Dubaï.

Questions de recherche

---

1. Quelle est votre femme leader préférée et pourquoi ?
2. Quelle est votre fille patronne (entrepreneur) préférée ?
3. Quels types de problèmes sociaux avez-vous rencontrés en tant qu'étudiant (concernant la race, le sexe, la sexualité) et comment les avez-vous surmontés ?

Gertrude B. Elion (1918-1999)

Biochimiste et pharmacologue américain

"Personne ne me prenait au sérieux. Ils se demandaient pourquoi je voulais être chimiste alors qu'aucune femme ne le faisait. Le monde ne m'attendait pas. "

La pharmacologue américaine Gertrude B. Elion a reçu le prix Nobel de physiologie ou de médecine en 1988 avec George H. Hitchings et Sir James W. Black. Tous trois ont reçu le prix pour leur mise au point de médicaments utilisés dans le traitement de plusieurs grandes maladies.

Gertrude Belle Elion est née le 23 janvier 1918 à New York. Elle a obtenu un diplôme en biochimie au Hunter College de New York en 1937. Incapable d'obtenir un poste de chercheur diplômé parce qu'elle était une femme, Elion a occupé une série d'emplois, dont ceux d'assistante de laboratoire, de professeur de chimie et de physique dans des écoles secondaires de New York, et de chimiste de recherche.

Pendant cette période, Elion suit également des cours à l'université de New York, où elle obtient une maîtrise en 1941. Ne pouvant se consacrer à des études à plein temps, elle n'a jamais obtenu de doctorat.

En 1944, Gertrude B. Elion a rejoint les laboratoires Burroughs Wellcome (qui font maintenant partie de GlaxoSmithKline). Elle y a d'abord été l'assistante puis la collègue de Hitchings, avec qui elle a travaillé pendant les quatre décennies suivantes.

Gertrude B. Elion et Hitchings ont mis au point une série de nouveaux médicaments efficaces contre la leucémie, les troubles auto-immuns, les infections urinaires, la goutte, la malaria et l'herpès viral. Leur succès est dû principalement à leurs méthodes de recherche novatrices. Plutôt que de recourir à l'approche par essais et erreurs utilisée par les pharmacologues précédents, Elion et Hitchings ont examiné la différence entre la biochimie des cellules humaines normales et celle des cellules cancéreuses, des bactéries, des virus et d'autres agents pathogènes (agents causant des maladies).

Ils ont utilisé ces informations pour créer des médicaments capables de cibler un agent pathogène particulier sans nuire aux cellules normales de l'hôte humain. Leurs méthodes leur ont permis d'éliminer une grande partie des conjectures et des efforts inutiles qui caractérisaient la recherche antérieure sur les médicaments.

Bien que Gertrude B. Elion ait officiellement pris sa retraite en 1983, elle a contribué à superviser le développement de l'azidothymidine (AZT), le premier médicament utilisé dans le traitement du sida. En 1991, elle a reçu une médaille nationale des sciences et a été intronisée au National Women's Hall of Fame. Elion est décédée le 21 février 1999 à Chapel Hill, en Caroline du Nord.

Points forts

- Gertrude B. Elion, de son vrai nom Gertrude Belle Elion, a obtenu un diplôme de biochimie au Hunter College de New York en 1937.
- Incapable de se consacrer à des études à plein temps, Elion n'a jamais obtenu de doctorat.

- Elion et Hitchings ont mis au point une série de nouveaux médicaments efficaces contre la leucémie, les troubles auto-immuns, les infections urinaires, la goutte, la malaria et l'herpès viral.
- Bien qu'elle ait officiellement pris sa retraite en 1983, elle a contribué à superviser le développement de l'azidothymidine (AZT), le premier médicament utilisé dans le traitement du sida.
- En 1991, elle a reçu la médaille nationale des sciences et a été intronisée au National Women's Hall of Fame.

Questions de recherche

---

1. Vivons-nous dans une ère où il est plus facile pour les femmes de poursuivre leurs rêves que dans les générations précédentes ?
2. Connaissez-vous des femmes qui ont fait quelque chose de spécial ?
3. Que pensez-vous de l'état actuel de l'émancipation des femmes dans la société actuelle ?

Katharine Graham (1917-2001)

La première femme à diriger une entreprise du classement Fortune 500

"Une erreur est simplement une autre façon de faire les choses."

En apprenant le décès de l'éditrice et femme d'affaires américaine Katharine Graham, le président américain George W. Bush a déclaré à la nation qu'elle avait perdu la "première dame" du journalisme américain. Sous la direction de Mme Graham, le Washington Post a augmenté sa diffusion et est devenu le journal le plus influent de la capitale américaine et l'un des plus puissants du pays.

Katharine Graham a également fait de la Washington Post Company un grand groupe médiatique diversifié et, ce faisant, elle est devenue la première femme à diriger une entreprise classée au Fortune 500.

Elle est née Katharine Meyer le 16 juin 1917 à New York. Son père, Eugene, était un banquier d'affaires prospère et sa mère, Agnes, une mécène et une partisane de l'éducation. Katharine a fréquenté le Vassar College de Poughkeepsie, New York, de 1934 à 1936, puis s'est inscrite à l'Université de Chicago, où elle a obtenu son diplôme en 1938.

Après avoir été reporter pendant un an pour le San Francisco News, Katharine rejoint la rédaction du Washington Post, que son père avait acheté lors d'une vente de faillite en 1933. Elle a également travaillé dans les services de rédaction et de diffusion du Sunday Post.

En 1940, Katharine épouse Philip Graham, un avocat, et en 1945, elle abandonne sa carrière au profit de sa famille grandissante. En 1946, son mari abandonne ses ambitions politiques pour devenir éditeur du Post, et en 1948, le couple rachète à son père les actions avec droit de vote de la société.

Katharine Graham reste toutefois à l'écart de toute participation active dans l'entreprise, car la Washington Post Company acquiert le Times-Herald rival en 1954, le magazine Newsweek en 1961 et plusieurs stations de radio et de télévision.

En septembre 1963, après le décès par suicide de son mari maniaco-dépressif, Katharine Graham prend la présidence de la Washington Post Company. De 1969 à 1979, Katharine Graham a également occupé le titre d'éditrice. Sous sa direction, le Washington Post s'est fait connaître pour ses reportages d'investigation agressifs.

Avec l'aide du rédacteur en chef Benjamin C. Bradlee, Katharine Graham a guidé le journal lors de la publication des Pentagon Papers en 1971 (une histoire secrète du gouvernement sur la guerre au Vietnam) et lors de l'éclatement du scandale du Watergate en 1972 (qui a conduit Richard M. Nixon à démissionner de la présidence en 1974 sous la menace d'une mise en accusation). Dans les deux cas, des organismes gouvernementaux ont fait pression sur elle pour qu'elle ne publie pas ses articles, mais elle a tenu bon et a gagné un grand respect de la part du public et de ses collègues journalistes.

Katharine Graham a fait passer le Washington Post Company d'un chiffre d'affaires de 84 millions de dollars, lorsqu'elle a pris le contrôle du journal en 1963, à un chiffre d'affaires de 1,4 milliard de dollars au début des années 1990. La société a commencé à vendre ses actions en bourse en 1971. Elle s'est également développée grâce à de nouvelles acquisitions, notamment le journal The Herald d'Everett, dans l'État de Washington, de nombreuses stations de télévision, des opérations de télévision par câble, les Kaplan Educational Centers, Washington Post Newsweek Interactive, une société d'information électronique, Post Newsweek Tech Media Group, un éditeur de périodiques commerciaux, et The Gazette Newspapers, un éditeur de plusieurs hebdomadaires. Katharine Graham a été directrice générale de la société de 1973 à 1991 et présidente du conseil d'administration de 1973 à 1993. Son fils Donald lui a succédé à ces deux postes.

L'Overseas Press Club a décerné à Katharine Graham son President's Award pour l'ensemble de son œuvre journalistique en 1997. En 1998, à l'âge de 80 ans, Katharine Graham a reçu le prix Pulitzer de la biographie pour son autobiographie, Personal History (1997). Graham est décédée le 17 juillet 2001 à Boise, dans l'Idaho, des suites de blessures à la tête subies lors d'une chute quelques jours plus tôt.

Points forts

- Après un an comme reporter pour le San Francisco News, Katharine Graham rejoint la rédaction du Washington Post, que son père avait acheté en 1933.
- En 1972, Katharine Graham a pris la tête de la Washington Post Company, devenant ainsi la première femme PDG d'une entreprise du classement Fortune 500 ; elle a occupé ce poste jusqu'en 1991.
- En 1998, Katharine Graham a reçu le prix Pulitzer de la biographie pour son autobiographie, Personal History (1997).

Questions de recherche

1. Comment pensez-vous qu'une fille puisse réussir à New York et devenir l'une des femmes les plus influentes de l'histoire ?
2. Vous voyez-vous un jour président ou PDG ?
3. Quelle est la leçon de leadership que vous avez apprise de Katharine Graham ?

Babe Didrikson Zaharias (1911-1956)

Athlète américain

"De la chance ? Bien sûr. Mais seulement après une longue pratique et seulement avec la capacité de penser sous pression."

Babe Didrikson Zaharias est une athlète américaine exceptionnelle du 20e siècle. Elle a pratiqué le basket-ball, l'athlétisme et le golf. Didrikson s'est tournée vers le golf comme forme de relaxation en 1932, mais en quelques années, elle est devenue la première golfeuse des États-Unis.

Didrikson est née Mildred Ella Didriksen (elle a changé l'orthographe par la suite) à Port Arthur, au Texas, le 26 juin 1911. Elle est devenue une joueuse de basket-ball " All-American " en 1930 et 1931. En 1932, lors du tournoi annuel d'athlétisme féminin parrainé par l'Amateur Athletic Union, elle participe à huit épreuves et en remporte cinq.

Aux Jeux olympiques d'été de 1932 à Los Angeles, Babe Didrikson remporte des médailles d'or au lancer du javelot et aux 80 mètres haies, dans lesquelles elle établit des records. Elle fut privée d'une médaille d'or au saut en hauteur en raison d'un vice de forme. Didrikson excelle également en softball, en baseball, en natation, en patinage artistique, en billard et même en football. Après les Jeux olympiques de 1932, elle devint professionnelle et participa à des exhibitions dans tout le pays.

Babe Didrikson a commencé à jouer au golf de manière occasionnelle en 1932, mais à partir de 1934, elle a pratiqué ce sport de manière exclusive. Elle devient rapidement la première golfeuse amateur des États-Unis. En 1946, elle a remporté le tournoi amateur féminin des États-Unis.

En 1947, Babe Didrikson a remporté 17 championnats de golf consécutifs et est devenue la première Américaine à remporter le British Ladies' Amateur. Didrikson est devenue golfeuse professionnelle en 1948, et en 1950, elle a remporté l'Open féminin des États-Unis. De 1948 à 1951, Didrikson est la plus grande gagnante d'argent parmi les golfeuses. En 1954, elle remporte à nouveau l'Open ainsi que l'All-American Open.

Babe Didrikson a épousé le lutteur professionnel George Zaharias en 1938. En 1953, elle subit une opération contre le cancer, qui s'avère être un échec et doit être répétée en 1956. Babe Didrikson Zaharias est décédée cette année-là, le 27 septembre, à Galveston, au Texas. Son autobiographie, *This Life I've Led*, dans laquelle elle affirme faussement être née en 1914, est publiée en 1955. Un téléfilm sur sa vie intitulé *Babe* a été réalisé en 1975.

Points forts

- En 1950, Didrikson Zaharias a participé à la fondation de la Ladies Professional Golf Association, et elle est devenue la concurrente vedette de la LPGA.
- Non seulement elle a suscité l'intérêt pour le football féminin, mais elle a révolutionné ce sport et était connue pour ses frappes puissantes.
- Atteinte d'un cancer du côlon, elle est opérée en 1953. L'année suivante, dans l'une des plus grandes remontées du sport, elle remporte son troisième U.S. Open. Bien qu'elle porte un sac de

colostomie, Didrikson Zaharias domine l'événement, gagnant par 12 coups.

- Elle a reçu la médaille présidentielle de la liberté à titre posthume en 2021.

Questions de recherche

---

1. Avez-vous eu des mentors féminins dans votre vie en grandissant ?
2. Selon vous, quel groupe ou quelle organisation donne du pouvoir aux femmes aujourd'hui (et ne limite pas son aide à un segment particulier) ?
3. Pourquoi pensez-vous que les gens aiment tant lire des fables mettant en scène des femmes comme le Petit Chaperon rouge ?

Mère Teresa (1910-1997)

Religieuse catholique romaine et missionnaire albano-indienne

"Répandez l'amour partout où vous allez. Que personne ne vienne à vous sans repartir plus heureux. "

Sainte Mère Teresa, l'une des femmes les plus respectées au monde, était internationalement connue pour son action caritative auprès des victimes de la pauvreté et de l'abandon, en particulier dans les bidonvilles de Calcutta (aujourd'hui Kolkata), en Inde.

Elle est également appelée Sainte Teresa de Calcutta. En 1979, Mère Teresa a reçu le prix Nobel de la paix en reconnaissance de ses efforts humanitaires. Teresa a également reçu le Jewel of India, la plus haute médaille civile de l'Inde, ainsi que des diplômes honorifiques d'institutions académiques du monde entier. L'Église catholique romaine l'a déclarée sainte en 2016.

Le nom d'origine de Mère Teresa était Agnes Gonxha Bojaxhiu. Elle est née à Skopje, en Macédoine, d'ascendance albanaise. Elle y a été baptisée le 27 août 1910. À l'âge de 18 ans, elle décide de devenir religieuse et s'aventure à Dublin, en Irlande, pour rejoindre les Sœurs de Loretto, une communauté de religieuses irlandaises ayant une mission dans l'archidiocèse de Calcutta.

Un an plus tard, Mère Teresa quitte l'Irlande pour rejoindre le couvent de Loretto à Darjeeling, en Inde. Dans le cadre de son travail, elle a notamment enseigné à la St. Mary's High School de Calcutta, où elle a pu constater le dénuement qui caractérisait les bidonvilles de la ville.

En 1946, Mère Teresa se souviendra plus tard qu'elle a reçu un "appel dans l'appel", ressentant ce qu'elle considère comme une inspiration divine pour entamer un nouveau chapitre de sa vie, consacré à l'aide aux malades et aux pauvres. Cette année-là, elle a fondé un nouvel ordre religieux, les Missionnaires de la Charité. Ce nouvel ordre a été officiellement reconnu par l'Église catholique romaine en 1950. L'ordre a organisé des écoles et ouvert des centres pour soigner les aveugles, les personnes âgées, les lépreux, les handicapés et les mourants.

En 1952, Mère Teresa a fondé le Nirmal Hriday ("lieu pour les cœurs purs") à Calcutta, une maison où les malades en phase terminale pouvaient se rendre pour mourir dans la dignité. Malgré ses propres convictions religieuses, elle a exigé que les bénévoles et les travailleurs du Nirmal Hriday respectent les croyances religieuses de ceux qui venaient chercher refuge dans leurs derniers jours. Sous sa direction, une léproserie appelée Shanti Nagar ("ville de la paix") a été construite près d'Asansol, au Bengale occidental.

Dans les années qui ont suivi sa création, les Missionnaires de la Charité ont établi des centres dans le monde entier. En 1968, le pape Paul VI a appelé Mère Teresa à Rome, en Italie, pour y fonder un foyer. En 1971, il lui a décerné le premier prix de la paix du pape Jean XXIII.

Sous la direction de Mère Teresa, les Missionnaires de la Charité ont créé des orphelinats, des centres de nutrition, des centres de soins de santé et des écoles, portant secours à des populations diverses, des Noirs appauvris d'Afrique du Sud aux chrétiens et aux musulmans du Liban déchiré par la guerre au début des années 1980, en passant par les pauvres du quartier de Harlem à New York.

Après avoir subi une crise cardiaque en 1989, Mère Teresa a été équipée d'un stimulateur cardiaque. En raison de ses problèmes de santé, Mère Teresa a démissionné de son poste de supérieure générale de l'ordre en avril 1990. Toutefois, les membres de l'ordre ont voté en sa faveur et elle a repris son poste en septembre.

Au début de 1997, Mère Teresa a commencé à souffrir de problèmes de santé de plus en plus graves, notamment de troubles cardiaques et rénaux. Quelques mois seulement après s'être retirée définitivement de la direction des Missionnaires de la Charité, elle meurt d'une crise cardiaque à Calcutta le 5 septembre 1997, à l'âge de 87 ans.

Au moment de sa mort, les missions de l'ordre de Mère Teresa existaient dans plus de 90 pays et comptaient quelque 4 000 religieuses et des centaines de milliers de travailleurs laïcs et de bénévoles. Sœur Nirmala, membre de longue date de l'ordre, lui a succédé à la tête de l'organisation.

Moins de deux ans après la mort de Mère Teresa, le processus visant à la déclarer sainte a été entamé, avec l'autorisation spéciale du pape Jean-Paul II. Mère Teresa a été béatifiée le 19 octobre 2003, atteignant les rangs des bienheureux dans ce qui était alors le délai le plus court de l'histoire de l'Église catholique romaine. Le pape François Ier a canonisé Mère Teresa le 4 septembre 2016.

Points forts

- Mère Teresa, en entier Sainte Teresa de Calcutta, également appelée Sainte Mère Teresa, nom d'origine Agnes Gonxha Bojaxhiu, a reçu de nombreuses distinctions, dont le prix Nobel de la paix en 1979.
- Dans ses dernières années, Mère Teresa s'est prononcée contre le divorce, la contraception et l'avortement.

- L'aggravation de son état cardiaque l'a obligée à prendre sa retraite, et l'ordre a choisi Sœur Nirmala, d'origine indienne, pour lui succéder en 1997.
- Bien que Mère Teresa ait fait preuve de gaieté et d'un profond engagement envers Dieu dans son travail quotidien, ses lettres (qui ont été rassemblées et publiées en 2007) indiquent qu'elle n'a pas ressenti la présence de Dieu dans son âme au cours des 50 dernières années de sa vie.

Questions de recherche

---

1. Existe-t-il une femme puissante dont le travail et les mots ont influencé la façon dont les autres pensent aux questions féminines et au féminisme pour les années à venir ?
2. Comment les valeurs traditionnelles ou non traditionnelles (comme l'identité sexuelle) ont-elles influencé votre enfance ?
3. Comment le genre a-t-il joué un rôle dans votre vie (positif et négatif) ?

Angela Merkel (née en 1954)

Première femme chancelière d'Allemagne

"Je ne me suis jamais sous-estimé. Et je n'ai jamais vu de mal à l'ambition."

Remarquée pour son habileté politique, la politicienne Angela Merkel est devenue la première femme chancelière d'Allemagne en 2005. Elle a été réélue à ce poste lors des élections législatives de 2009, 2013 et 2017. Angela Merkel est l'une des trois seules personnes à avoir été élues pour quatre mandats de chancelier dans les années qui ont suivi la Seconde Guerre mondiale. (Les autres étaient Konrad Adenauer et Helmut Kohl).

Le style de gouvernement d'Angela Merkel se caractérise par le pragmatisme, ou une approche pratique de la résolution des problèmes. À la tête du pays le plus peuplé et le plus puissant d'Europe sur le plan économique, elle a joué un rôle de premier plan au sein de l'Union européenne (UE). Elle était considérée par beaucoup comme un défenseur des valeurs démocratiques libérales.

Mme Merkel a dû faire face à plusieurs crises au cours de son mandat. Pendant une crise économique européenne, Angela Merkel a promu un programme strict de réduction des dépenses et d'augmentation des impôts. Angela Merkel s'est efforcée de maintenir l'UE forte et unifiée, notamment après le vote du Royaume-Uni en faveur de la sortie de l'Union (dans le cadre de ce que l'on a appelé le "Brexit"). Lors de la crise des réfugiés, elle a autorisé un grand nombre de migrants à entrer en Allemagne, une politique qui a été profondément impopulaire auprès de nombreux Allemands.

Angela Merkel est née Angela Dorothea Kasner le 17 juillet 1954 à Hambourg, en Allemagne de l'Ouest. Elle déménage avec sa famille en Allemagne de l'Est alors qu'elle n'est qu'une enfant. Après avoir obtenu un doctorat en physique à l'université de Leipzig en 1978, elle s'installe à Berlin-Est. Elle y a travaillé à l'Académie des sciences en tant que chimiste quantique.

Après s'être engagée dans le mouvement démocratique dans les années 1980, Mme Merkel a rejoint l'Union chrétienne-démocrate (CDU), un parti politique conservateur. En 1990, elle est élue à la Chambre basse du Parlement. Elle a ensuite été ministre de la famille, des personnes âgées, des femmes et de la jeunesse sous la direction du chancelier Helmut Kohl, de 1991 à 1994. Elle a été ministre de l'environnement, de la conservation et de la sécurité des réacteurs de 1994 à 1998.

En 1998, Gerhard Schröder et le Parti social-démocrate d'Allemagne (SPD) remportent les élections contre Kohl et la CDU. Un an plus tard, Kohl est impliqué dans un scandale lié à la collecte de contributions illégales pour sa campagne. Mme Merkel a décidé de se détourner de Kohl, renforçant ainsi sa visibilité et sa popularité auprès des électeurs allemands.

En 2000, Angela Merkel a été élue à la tête de la CDU, devenant ainsi la première femme et le premier catholique non romain à diriger le parti. Mme Merkel est également la première dirigeante de la CDU à être issue de l'aile libérale du parti. Le parti frère de la CDU en Bavière, l'Union chrétienne-sociale (CSU) ultraconservatrice, désapprouve son élection. En conséquence, elle a dû faire face non seulement aux effets persistants du scandale financier, mais aussi à un parti divisé. Pour les élections générales de 2002, le parti a désigné Edmund Stoiber, de la CSU, comme chancelier, mais il a ensuite été battu par Schröder.

Angela Merkel a reçu l'investiture de la CDU pour le poste de chancelier lors des élections de 2005. Dans ses promesses de campagne, elle s'est engagée à réformer l'économie en difficulté du pays. Elle a également promis de réparer les relations avec les États-Unis, qui s'étaient tendues en raison de l'opposition de Schröder à la guerre en Irak.

La CDU et la CSU remportent les élections générales mais ne parviennent pas à obtenir une majorité avec leur partenaire de coalition préféré, le Parti démocratique libre (FDP). Après des semaines de négociations, un accord a été conclu avec le SPD, donnant à Mme Merkel la chancellerie dans un gouvernement de "grande coalition".

Angela Merkel a pris ses fonctions en novembre 2005, devenant ainsi la première Allemande de l'Est à occuper ce poste. À 51 ans, Mme Merkel est également devenue la plus jeune chancelière de l'histoire allemande à ce jour.

En septembre 2009, Angela Merkel a été réélue chancelière. Cette fois, la CDU-CSU et le FDP ont remporté suffisamment de sièges pour former une coalition sans le SPD. Au cours de son second mandat, Angela Merkel a joué un rôle important dans la réponse de l'UE à une période d'incertitude économique. Connue sous le nom de crise de la dette de la zone euro, celle-ci a été déclenchée par le niveau élevé de la dette publique dans un certain nombre de pays européens utilisant l'euro comme monnaie.

Avec le président français Nicolas Sarkozy, Angela Merkel s'est faite la championne de l'austérité, c'est-à-dire de la réduction des dépenses publiques et de l'augmentation des impôts, comme moyen de relancer les économies européennes en difficulté. Le succès le plus visible de Mme Merkel dans ce domaine a été un accord en vertu duquel les gouvernements se sont engagés à respecter des critères spécifiques d'équilibre budgétaire.

L'accord est entré en vigueur en janvier 2013. Toutefois, de nombreuses personnes ont jugé que l'approche de Mme Merkel face à la crise de la zone euro était trop stricte. Ils ont mis en garde contre les mesures d'austérité sévères qui pourraient nuire à des économies déjà fragilisées.

Lors des élections fédérales de septembre 2013, l'alliance CDU-CSU a remporté une victoire impressionnante, s'emparant de près de 42 % des voix - juste à côté de la majorité absolue. Angela Merkel est devenue le troisième chancelier à trois reprises dans l'ère de l'après-guerre. Cependant, comme le partenaire de coalition de son gouvernement, le FDP, n'a pas réussi à atteindre le seuil de 5 % pour être représenté, Angela Merkel a dû former une autre grande coalition avec le SPD.

Alors qu'Angela Merkel entame son troisième mandat de chancelière, les difficultés de l'économie européenne continuent de peser sur elle. Elle a rapidement dû faire face à des défis sécuritaires aux frontières de l'UE également. Début 2014, la Russie s'est emparée par la force de la Crimée, une république autonome d'Ukraine, pour en faire une partie de la Russie.

Angela Merkel a mené les efforts de l'UE pour faire adopter des sanctions contre la Russie. Mme Merkel a également participé à de nombreuses discussions avec d'autres dirigeants mondiaux dans le but de rétablir la paix dans la région.

Angela Merkel a également été confrontée à la plus grave crise des réfugiés que l'Europe ait connue depuis la Seconde Guerre mondiale. À partir de 2015, un nombre considérable de migrants fuyant les conflits en Syrie, en Afghanistan et ailleurs ont afflué vers l'UE. Plus d'un million de ces migrants se sont rendus en Allemagne. Angela Merkel a maintenu que l'Allemagne garderait ses frontières ouvertes face à l'urgence humanitaire.

Angela Merkel a affirmé que chaque Allemand souhaitait accueillir des personnes fuyant les guerres et les persécutions. Cependant, le grand nombre de réfugiés entrant en Allemagne a mis à rude épreuve les services publics, notamment la police et les gardes-frontières. Ils ont également mis à rude épreuve la générosité du public. Angela Merkel a fait l'objet de vives critiques en Allemagne, notamment après une série d'attaques violentes dans le pays en 2016.

Lors des célébrations du Nouvel An 2016, des centaines de femmes ont été attaquées par des bandes d'hommes à Cologne et dans d'autres villes allemandes. Plusieurs des agresseurs étaient des migrants en Allemagne. Le pays a également été le théâtre d'une paire d'attaques terroristes en juillet 2016 menées par des migrants. En décembre de la même année, un migrant tunisien a intentionnellement conduit un camion dans un marché de Noël bondé à Berlin, tuant 12 personnes.

La cote de popularité d'Angela Merkel a chuté après les attentats, en particulier parmi les partisans des partis politiques de droite. Tout en maintenant sa politique d'ouverture aux réfugiés, Angela Merkel a présenté des plans visant à renforcer la sécurité en Allemagne et à diminuer le nombre de migrants arrivant dans le pays. Sa popularité a rebondi en 2017, et Mme Merkel a annoncé qu'elle se représenterait aux élections cet automne.

Lors des élections générales de 2017, l'alliance CDU-CSU a recueilli environ un tiers des voix. Il s'agit du pire résultat obtenu par les partis en plus de 60 ans d'après-guerre. Alternative for Germany, un parti politique d'extrême droite et anti-immigration, a remporté des sièges au parlement pour la première fois. Néanmoins, la CDU-CSU a remporté la plus grande part des voix. Angela Merkel a obtenu un quatrième mandat de chancelière.

Angela Merkel a reçu la médaille présidentielle américaine de la liberté en 2011. Mme Merkel a reçu cette médaille pour avoir promu la liberté et les droits de l'homme en Allemagne et dans le monde entier.

Points forts

- Lors de la première élection après la réunification, en décembre 1990, Angela Merkel a remporté un siège au Bundestag (chambre basse du parlement) représentant Stralsund-Rügen-Grimmen.
- Mme Merkel a été nommée ministre des femmes et de la jeunesse par le chancelier Helmut Kohl en janvier 1991.
- Le second mandat de Mme Merkel a été largement caractérisé par son rôle personnel dans la réponse à la crise de la dette de la zone euro.
- Plus d'un million de migrants sont entrés en Allemagne en 2015, et le parti de Mme Merkel a payé un prix politique élevé pour sa position sur les réfugiés.

Questions de recherche

1. Quel conseil donneriez-vous à une nouvelle fille ou femme dans votre école ou votre travail ?
2. Quel conseil avez-vous reçu ou reçu d'une de vos enseignantes qui vous inspire ?
3. Quel personnage féminin de la télévision vous inspire le plus en raison de son style de vie et de son sens de la mode ?

Tsai Ing-wen (née en 1956)

Première femme présidente de Taiwan

"Taiwan est la République de Chine, la République de Chine est Taiwan."

La première femme présidente de Taïwan est la professeure de droit et politicienne Tsai Ing-wen. Elle a pris ses fonctions de présidente en 2016. Tsai, d'origine Hakka, a été la première personne ayant une ascendance dans l'une des minorités ethniques de Taïwan à occuper ce poste.

Tsai Ing-wen est née le 31 août 1956 dans le canton de Fang-shan, dans le comté de P'ing-tung, à Taïwan, au sein d'une riche famille d'entrepreneurs. Tsai a passé sa petite enfance dans le sud côtier de Taïwan avant d'aller à Taipei, où elle a terminé ses études.

Tsai Ing-wen a obtenu un diplôme de droit en 1978 à l'Université nationale de Taiwan, à Taipei. Elle a suivi des études supérieures à l'étranger et a obtenu une maîtrise en droit à l'université Cornell, à Ithaca (New York), en 1980.

Tsai Ing-wen a obtenu un doctorat en droit à la London School of Economics, en Angleterre, en 1984. Elle est ensuite retournée à Taïwan, où jusqu'en 2000, elle a enseigné le droit dans des universités de Taipei.

Tsai Ing-wen a commencé à travailler pour le gouvernement au début des années 1990, lorsqu'elle a été nommée conseillère en matière de politique commerciale dans l'administration du président Lee Teng-hui. À ce poste, elle a joué un rôle majeur dans les négociations qui ont ouvert la voie à l'adhésion de Taïwan à l'Organisation mondiale du commerce en 2002.

En 2000, Chen Shui-bian, du Parti démocratique progressiste (DPP), devient président de Taïwan. Il a nommé Tsai à la présidence du Conseil des affaires continentales, qui était responsable des relations entre Taïwan et la Chine. Le conseil a été confronté à d'importants défis pendant l'administration de Chen, en raison de la résistance du DPP à la Chine et de son appel à l'indépendance de Taïwan.

En 2004, Tsai Ing-wen a rejoint le DPP et a été élue membre à part entière de l'assemblée législative nationale de Taiwan. Elle a démissionné de son siège au début de 2006 lorsqu'elle a été nommée vice-premier ministre de Taïwan.

Tsai Ing-wen est restée à ce poste jusqu'en mai 2007. En 2008, après la défaite du DPP à l'élection présidentielle de Taïwan, Tsai a été choisie comme première femme présidente du parti. Tsai a réussi à reconstruire le DPP après sa défaite et a été réélue à ce poste en 2010.

Tsai Ing-wen s'est présentée au poste de maire de la ville de New Taipei mais a perdu l'élection. Tsai a également perdu la course à la présidence de 2012 contre le président sortant Ma Ying-jeou du Parti nationaliste (Kuomintang, ou KMT). Malgré ces revers, elle était considérée comme une candidate respectable et éligible. Sa popularité n'a fait qu'augmenter au cours de la deuxième administration de Ma, alors que son gouvernement s'enlisait dans la corruption et l'incompétence.

Le DPP a de nouveau désigné Tsai Ing-wen comme candidate à l'élection présidentielle de 2016. Elle s'est présentée contre Eric Chu du KMT. La campagne de Tsai s'est concentrée sur les mauvais résultats du KMT et sur ses relations de plus en plus amicales avec la Chine.

Tsai Ing-wen a également mis l'accent sur les mauvaises performances persistantes de l'économie taïwanaise. Le 16 janvier 2016, Tsai a battu Chu à plate couture, et elle a été investie le 20 mai. En plus d'être la première femme présidente de Taïwan, Tsai est également devenue seulement la deuxième personne à gagner la présidence qui n'était pas membre du KMT.

Après sa victoire, Tsai Ing-wen a cherché à assurer à une Chine inquiète qu'elle maintiendrait des relations cordiales avec le continent.

Points forts

- Tsai Ing-wen a passé sa petite enfance dans la région côtière du sud de Taïwan avant de se rendre à Taipei, où elle a terminé ses études.
- En décembre 2016, l'équilibre délicat des relations entre Taïwan et la Chine a été perturbé lorsque Tsai a passé un appel téléphonique au président élu américain Donald Trump, qui a bouleversé plusieurs décennies de protocole diplomatique en devenant le premier chef de l'exécutif américain à s'entretenir avec son homologue taïwanais depuis 1979.
- Bien que Tsai Ing-wen et Trump aient déclaré plus tard que leur appel n'indiquait pas un changement de politique, en 2019, l'administration Trump s'était engagée à réaliser d'importantes ventes d'armes à Taïwan, notamment des chars, des missiles et des avions de chasse.
- Après avoir défendu des réformes impopulaires des politiques taïwanaises en matière d'énergie et de retraite, Tsai Ing-wen a vu sa popularité chuter considérablement à l'approche de l'élection présidentielle de 2020.

Questions de recherche

---

1. À votre avis, que se passera-t-il si nous démantelons systématiquement l'idée que les hommes et les femmes sont intrinsèquement différents ?

2. Comment vos parents ont-ils soutenu vos rêves ?
3. À quel point pensez-vous qu'il est difficile de concilier le travail, la vie de famille et l'exercice d'une fonction de direction ?

Votre cadeau

Vous avez un livre dans les mains.

Ce n'est pas n'importe quel livre, c'est un livre de Student Press Books ! Nous écrivons sur les héros noirs, les femmes qui prennent le pouvoir, la mythologie, la philosophie, l'histoire et d'autres sujets intéressants !

Puisque vous avez acheté un livre, nous voulons que vous en ayez un autre gratuitement.

Tout ce dont vous avez besoin, c'est d'une adresse électronique et de la possibilité de vous abonner à notre newsletter (ce qui signifie que vous pouvez vous désabonner à tout moment).

Alors, qu'attendez-vous ? Inscrivez-vous dès aujourd'hui et recevez votre livre gratuit instantanément ! Tout ce que vous avez à faire est de visiter le lien ci-dessous et d'entrer votre adresse e-mail. Vous recevrez immédiatement le lien pour télécharger la version PDF du livre afin de pouvoir le lire hors ligne à tout moment.

Et ne vous inquiétez pas, il n'y a pas d'attrape ou de frais cachés, juste un bon vieux cadeau de notre part ici à Student Press Books.

Visitez ce lien dès maintenant et inscrivez-vous pour recevoir votre exemplaire gratuit de l'un de nos livres !

Lien : https://campsite.bio/studentpressbooks

Livres

Nos livres sont disponibles chez tous les principaux détaillants de livres en ligne. Découvrez les packs numériques (bundle) de nos livres ici : https://payhip.com/studentPressBooksFR

La série de livres sur l'Histoire des Noirs.

Bienvenue dans la série de livres sur l'Histoire des Noirs. Découvrez des personnalités Noires exemplaires grâce à ces biographies inspirantes de pionniers d'Amérique, d'Afrique et d'Europe. Nous savons tous que l'Histoire des Noirs est importante, mais il peut être difficile de trouver de bonnes ressources.

Beaucoup d'entre nous connaissent personnages principaux de la culture populaire et des livres d'Histoire, mais nos livres présentent également des héros et héroïnes Noirs moins connus du monde entier, mais dont les histoires méritent d'être racontées. Ces livres de biographies vous aideront à mieux comprendre comment les souffrances et les actions de ces personnes ont façonné leurs pays respectifs et leurs communautés, pour les générations à venir.

Titres disponibles :

1. 21 personnalités noires inspirantes : La vie de personnages historiques du XXe siècle : Martin Luther King Jr., Malcom X, Bob Marley et autres
2. 21 femmes noires exceptionnelles : L'histoire de femmes noires importantes du XXe siècle : Daisy Bates, Maya Angelou et bien d'autres

La série de livres Émancipation des femmes.

Bienvenue dans la série de livres Émancipation des femmes. Découvrez des figures féminines courageuses des temps modernes grâce à ces biographies inspirantes de pionnières du monde entier. L'émancipation des femmes est un sujet important qui mérite plus d'attention qu'il n'en reçoit. Pendant des siècles, on a dit aux femmes que leur place était à la maison, mais cela n'a jamais été vrai pour toutes les femmes, ni même pour la plupart d'entre elles.

Les femmes sont encore sous-représentées dans les livres d'histoire, et celles qui s'y font une place doivent généralement se contenter de quelques pages. Pourtant, l'Histoire regorge de récits de femmes fortes, intelligentes et indépendantes qui ont surmonté des obstacles et changé le cours des choses simplement parce qu'elles voulaient vivre leur propre vie.

Ces livres biographiques vous inspireront tout en vous donnant de précieuses leçons sur la persévérance et le dépassement face à l'adversité ! Apprenez de ces exemples que tout est possible si vous y mettez du vôtre !

Titres disponibles :

1. 21 Femmes d'exception : La vie de combattantes pour la liberté qui ont repoussé les frontières : Angela Davis, Marie Curie, Jane Goodall et bien d'autres
2. 21 femmes inspirantes : la vie de femmes courageuses et influentes du XXe siècle : Kamala Harris, Mère Teresa et bien d'autres
3. 21 femmes extraordinaires : Les vies exemplaires des femmes artistes et créatrices du XXe siècle : Madonna, Yayoi Kusama et bien d'autres
4. 21 femmes de génie : Les vies déterminantes de femmes scientifiques pionnières au XXe siècle

La série de livres Les dirigeants du monde.

Bienvenue dans la série de livres sur les dirigeants du monde. Découvrez des personnages royaux et présidentiels, emblématiques du Royaume-Uni, des États-Unis et d'autres pays. Grâce à ces biographies inspirantes de membres de la famille royale, de présidents et de chefs d'État, vous apprendrez à connaître les personnes courageuses qui ont osé prendre le pouvoir, avec notamment leurs citations, leurs photos et des faits rares.

Les gens sont fascinés par l'histoire et la politique et par ceux qui les ont écrites. Ces livres offrent des perspectives nouvelles sur la vie de personnalités remarquables. Cette série est parfaite pour tous ceux qui veulent en savoir plus sur les grands dirigeants de notre monde ; les jeunes lecteurs ambitieux et les adultes qui aiment se documenter sur des personnages importants.

Titres disponibles :

1. Les 11 familles royales britanniques : La biographie de la famille de la Maison Windsor : La Reine Elizabeth II et le Prince Philip, Harry et Meghan et bien d'autres
2. Les 46 présidents des États-Unis : Leur histoire, leur réussite et leur héritage : de George Washington à Joe Biden
3. Les 46 présidents des États-Unis : Leur histoire, leur réussite et leur héritage — Édition augmentée : de George Washington à Joe Biden

La série de livres Une mythologie passionnante.

Bienvenue dans la série de livres Une mythologie passionnante. Découvrez les dieux et déesses d'Égypte et de Grèce, les divinités nordiques et d'autres créatures mythologiques.

Qui sont ces anciens dieux et déesses ? Que savons-nous d'eux ? Qui étaient-ils vraiment ? Pourquoi les gens les vénéraient-ils dans les temps anciens, et d'où venaient-ils ?

Ces livres offrent des perspectives nouvelles sur les dieux anciens, qui inviteront les lecteurs à réfléchir à leur place dans la société et à s'intéresser plus encore à l'Histoire. Ces livres sur la mythologie abordent également des sujets qui l'ont influencée, tels que la religion, la littérature et l'art, dans un format attrayant avec des photos ou des illustrations accrocheuses.

Titres disponibles :

1. L'Égypte ancienne : Un guide des mystérieux dieux et déesses de l'Égypte ancienne : Amon-Râ, Osiris, Anubis, Horus et bien d'autres
2. La Grèce antique : Un guide des dieux, déesses, divinités, titans et héros de la Grèce classique : Zeus, Poséidon, Apollon et plus encore
3. Anciens contes nordiques : Découvrez les dieux, déesses et géants de la mythologie des Vikings : Odin, Loki, Thor, Freya et plus encore

La série de livres Les grandes théories expliquées.

Bienvenue dans la série de livres **Les grandes théories expliquées**. Découvrez la philosophie, les idées des anciens philosophes et d'autres théories intéressantes. Ces livres réunissent les biographies et les idées des philosophes les plus célèbres de régions telles que la Grèce et la Chine antiques.

La philosophie est un sujet complexe, et de nombreuses personnes ont du mal à en comprendre ne serait ce que les bases. Ces livres sont conçus pour vous aider à en savoir plus sur la philosophie, ils sont uniques en raison de leur approche simple. Il n'a jamais été aussi facile et amusant d'acquérir une meilleure compréhension de la philosophie qu'avec ces livres. En outre, chaque livre comprend des questions afin que vous puissiez approfondir vos propres pensées et opinions !

Titres disponibles :

1. Philosophie grecque : La vie et les idées des philosophes de la Grèce antique : Socrate, Platon, Pythagore et bien d'autres
2. Éthique et morale : Philosophie morale, bioéthique, défis médicaux et autres idées éthiques

La série de livres Inspiration des futurs entrepreneurs.

Bienvenue dans la série de livres **Inspiration des futurs entrepreneurs**. Il n'est jamais trop tôt pour que les jeunes ambitieux commencent leur carrière ! Que vous ayez l'esprit d'entreprise et que vous cherchiez à bâtir votre propre empire, ou que vous soyez un entrepreneur en herbe qui commence à emprunter une route longue et ardue, ces livres vous inspireront grâce aux histoires d'hommes d'affaires qui ont réussi.

Découvrez leurs vies, leurs échecs et leurs réussites qui vous donneront envie de prendre le contrôle de votre existence au lieu de simplement la regarder passer !

Titres disponibles :

1. 21 entrepreneurs à succès : La vie des grands fondateurs du XXe siècle : Elon Musk, Steve Jobs et bien d'autres
2. 21 entrepreneurs révolutionnaires : Les vies incroyables des hommes d'affaires du XIXe siècle : Henry Ford, Thomas Edison et bien d'autres

La série de livres L'Histoire facile.

Bienvenue dans la série de livres L'Histoire facile. Explorez divers sujets historiques, de l'âge de pierre jusqu'à l'époque moderne, ainsi que les idées et les personnages marquants qui ont traversé les âges.

Ces livres sont un excellent moyen d'éveiller votre intérêt pour l'histoire. Les manuels scolaires, secs et ennuyeux, rebutent souvent les lecteurs, car ils aiment les histoires de gens ordinaires qui ont changé le monde. Ces livres vous donnent l'opportunité de les découvrir tout en vous fournissant les informations historiques importantes.

Titres disponibles :

1. La Première Guerre mondiale : La Première Guerre mondiale, ses grandes batailles, les personnages et les forces en présence
2. La Deuxième Guerre mondiale : L'Histoire de la Seconde Guerre mondiale, Hitler, Mussolini, Churchill et autres personnages clés

3. L'Holocauste : Les Nazis, la montée de l'antisémitisme, la Nuit de Cristal et les camps de concentration d'Auschwitz et de Bergen-Belsen.
4. La Révolution française : L'Ancien Régime, Napoléon Bonaparte, la Révolution française, les guerres napoléoniennes et de Vendée

Nos livres sont disponibles chez tous les principaux détaillants de livres en ligne. Découvrez les packs numériques (bundle) de nos livres ici : https://payhip.com/studentPressBooksFR

Conclusion .

Nous espérons que vous avez apprécié cette compilation des vies de 21 femmes influentes du XXe siècle. Après avoir lu sur ces femmes, nous sommes sûrs que vous vous sentez encore plus motivés.

De Benazir Bhutto à Kamala Harris en passant par Serena Williams, chacun peut retirer quelque chose, un désir d'émancipation ou de se sentir soi-même une source d'inspiration. Lancez-vous, et n'oubliez pas les devises de chacune de ces femmes !

Ces femmes intrépides ont dépassé les obstacles et accompli de grandes choses dans leur vie, prouvant que toute femme peut être une source d'inspiration pour les autres, avec un peu de travail et de détermination. Elles ont marqué l'histoire en brisant les premières les barrières qui n'existent plus depuis.

Prenez le temps de lire et relire ces pages, et sentez-vous inspirés à chaque fois !

Avez-vous aimé cette lecture éducative ? Qu'en avez-vous pensé ? Faites-le-nous savoir avec un beau commentaire sur ce livre !

Nous en serions ravis, alors n'oubliez pas d'en laisser un !

www.ingramcontent.com/pod-product-compliance
Ingram Content Group UK Ltd.
Pitfield, Milton Keynes, MK11 3LW, UK
UKHW022014190726
13853UKWH00005B/1935

9 789493 258037